这才是
孩子爱看的
心理自助书

李少聪◎著

台海出版社

图书在版编目（CIP）数据

这才是孩子爱看的心理自助书 / 李少聪著 . -- 北京：

台海出版社，2023.7（2024.11 重印）

ISBN 978-7-5168-3570-8

Ⅰ．①这… Ⅱ．①李… Ⅲ．①心理健康－健康教育－

少儿读物 Ⅳ．① G444-49

中国国家版本馆 CIP 数据核字（2023）第 092211 号

这才是孩子爱看的心理自助书

著　　者：李少聪

责任编辑：魏　敏　　　　　　　　　　封面设计：尚世视觉

出版发行：台海出版社

地　　址：北京市东城区景山东街 20 号　　　邮政编码：100009

电　　话：010-64041652（发行，邮购）

传　　真：010-84045799（总编室）

网　　址：www.taimeng.org.cn/thcbs/default.htm

E － mail：thcbs@126.com

经　　销：全国各地新华书店

印　　刷：三河市双升印务有限公司

本书如有破损、缺页、装订错误，请与本社联系调换

开　　本：710 毫米 × 1000 毫米　　　　1/16

字　　数：140 千字　　　　　　　　　印　　张：11

版　　次：2023 年 7 月第 1 版　　　　印　　次：2024 年 11 月第 4 次印刷

书　　号：ISBN 978-7-5168-3570-8

定　　价：59.80 元

前言

现在的少年儿童，有很多人都有很大的心理压力。父母无休止的唠叨和催促，使我们变得焦虑、易怒、叛逆，甚至厌学。还有很多事也会让我们感到烦躁、自卑、不开心等。

有时候，这些负面情绪会随着时间的流逝而自行消失，但很多时候，它们会积压在内心，长期困扰着我们。

很多小朋友觉得"压力山大"。妈妈说小孩子哪里有什么压力，但为什么我觉得已经到了崩溃的边缘？我知道爸爸妈妈很爱我，但这份爱也变成了沉甸甸的压力，让我想要逃避。我也知道必须努力学习才有未来，但我真的已经尽力了，结果为何还是不能令人满意？

很多小朋友有各种不开心。爸爸妈妈不在身边，我被寄养在亲戚家，每天都过得小心翼翼，生怕惹恼了他们；在学校里，因犯错被老师当着全班同学的面批评；无缘无故被同学欺负，而我却只能默默忍受。我也因此变得郁郁寡欢，无精打采，对任何事都提不起兴趣，我的不开心会不会也是一种病呢？

很多小朋友发现自己自控力很差。我总是管不住自己，忍不住吃垃圾食品，忍不住想看动画片、玩游戏，忍不住上课走神，尽管爸爸妈妈和老师一再督促自己，可我还是会偷偷地这么做。这究竟是哪里出了问题，为什么我总是忍不住？

很多小朋友感到很自卑。妈妈经常骂我是笨蛋，说我长得不好看，我还被她拿来和身边优秀的人比较。在她眼里，那个"邻居家的孩子"永远都比我优秀，学习又好，又懂事，而我却一无是处。这让我感觉自己处处都比不上别人，可我

1

真的有他们说的那样不堪吗?

很多小朋友会经常发脾气。当想买玩具被爸爸妈妈拒绝时,我会对他们吼叫;当妈妈随意进出我的房间时,我会紧锁房门,说什么也不给她开;当同学反对我的观点时,我会大声和他争吵。我也知道乱发脾气不对,但愤怒的情绪憋在心里十分难受,就是忍不住,怎么办?

很多小朋友对许多事情感到恐惧。比如,不敢一个人睡,不敢上台讲话,不敢和陌生人打招呼,生病了不敢去医院,害怕和爸爸妈妈分开。尽管爸爸妈妈在一旁不停地安慰我,鼓励我,可我一想到某个场景还是会止不住颤抖,想要放弃。我也不知道自己在怕什么。

其实,不管是压力下的崩溃体验,还是感觉自己很差劲的自卑感,又或者是难以控制的脾气,再或者是内心滋生的各种恐惧等,每一种情绪背后都隐藏着一个心理问题。如果任由这些心理问题发展下去,可能会给学习、生活带来严重的影响。

对于我们的这些心理困惑,很多时候爸爸妈妈无法理解,甚至察觉不到。所以,我们要试着学做自己的心理医生,排解压力,疏导情绪,及时修复自己受损的心灵。

本书以通俗活泼的方式,通过分析儿童在各种情形下的内心想法以及心理原因,揭示了儿童的各种行为动机,让我们对自己的心理有一个清晰的了解。同时,配合合理的练习方案,能有效地消除不良心理,让我们恢复自信、阳光,内心变得更强大。

第一章

压力：我真的好累

第二章

郁闷：不开心是病吗

第三章

意志力：我管不住我自己

CONTENTS

3

★ 第一章 ★

压力：我真的好累

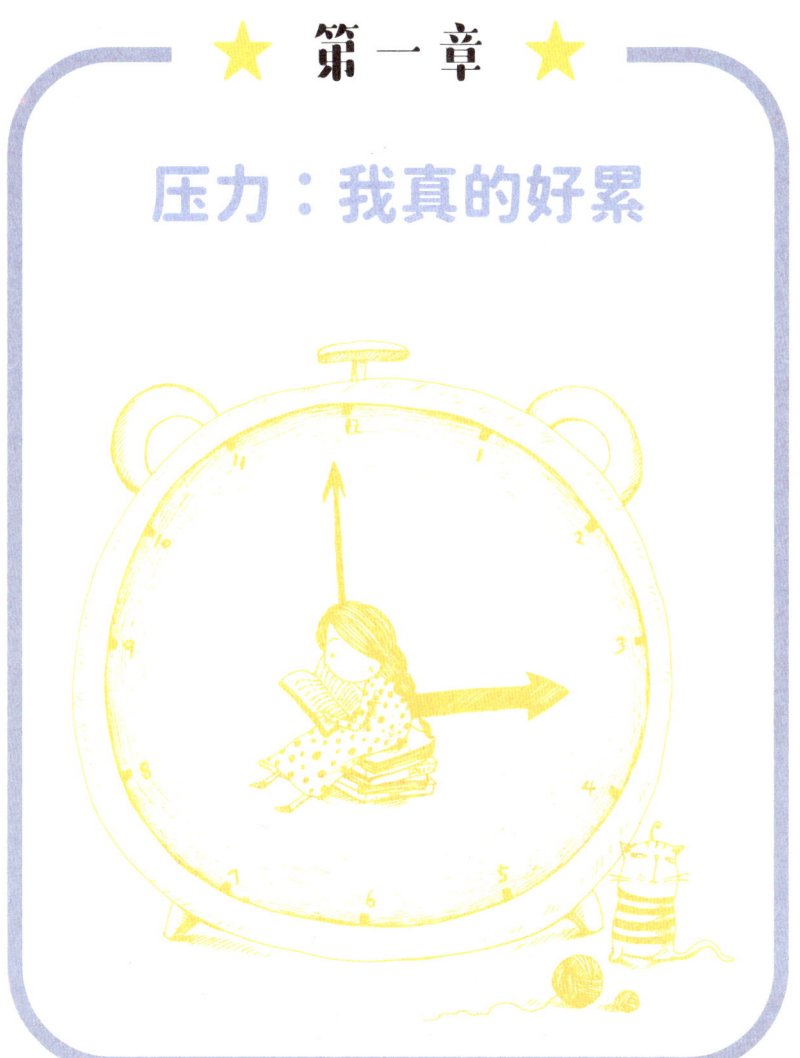

1. 一到考试就什么都想不起来了

心理小故事

　　楠楠平时的课堂表现很好，老师提出的问题总是回答得又快又好，经常受到老师的表扬，在所有人眼中，她都是一个认真学习的好孩子。可每次考试楠楠就像换了一个人似的，平时能随口说出的数学公式也记不起来，会做的题也做不对，有时一张卷子还会有很多题答不出来。一场考试下来，成绩连平时的一半水平都达不到，这让她十分苦恼。

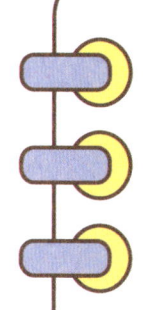

孩子的小小心情

1. 一进考场，我就开始紧张，手心不停地冒汗。
2. 明明昨天才复习过的知识点，今天死活想不起来，急死我了。
3. 时间不多了，我心里发慌，好害怕做不完。

和心理学博士聊聊天

你这种心理状态是很常见的。一般来说，考试焦虑通常有六种类型，来看看你属于哪一种吧。

压力型： 父母和老师对你的期望很大，你感觉压力很大，特别害怕令他们失望，所以考试时很焦虑。

自卑型： 你很刻苦努力，但平时成绩一般，很希望能考好，甚至想一鸣惊人，所以考试时会紧张，甚至焦虑。

自大型： 你平时成绩不错，对考试抱有很大的信心，但在考场上却遇到了较多难题，于是会因为担心考不好而焦虑。

自责型： 你是个完美主义者，对自己要求非常高，非常严格，不允许自己考试时发挥不好，所以容易焦虑。

考场情景型： 你健康阳光，只是一想到考试，就不由自主地紧张，这是因为你对考试的紧张和害怕，长期积压，没有得到释放，逐渐形成了一种思维定式。

散漫型： 你家庭条件优越，平时比较懒散、放纵，对什么事情都感觉无所谓，但这不代表你没有学习目标。考试时，你发现距离自己的目标越来越远。

心理学词语加油站

一考试就焦虑，从心理学上来说，是"詹森效应"在起作用。

什么是詹森效应?

答：国外有一名运动员叫丹·詹森，平时训练表现很好，但只要一参加比赛就发挥得很差，让人十分失望。这种平时表现良好，但由于心理素质较差而导致正式比赛失败的现象就被称为詹森效应。

自我疗愈小练习

练习1：放下心理负担

当你面临考试时，你可以这样对自己说：

一次考试并不能证明什么。

不过是一次期中考试，考砸了，也没什么大不了。

这一次考不好，还有下一次。

不要胡思乱想，你担心的结果只是自己想象出来的，也许其他人并不在意。你要相信自己，一场考试的成绩说明不了什么问题，你的学习能力不会消失，期待下次证明自己吧。

练习2：放松自己

在考试的前一晚，你可以这样做：

听一听喜欢的音乐、邀请小伙伴打一打球、和爸爸妈妈一起外出散散步等。

把错题集再看一遍，告诉自己已经准备好了。

好好睡一觉。

考试前的紧张和焦虑是正常的，不要刻意去在意这些情绪，要稳定自己的心态，如果自己的情绪反应过于强烈，可以和爸爸妈妈聊聊天，主动寻求开导、安慰来消除不稳定的情绪。

2. 考第二名，妈妈还是不愿意

期中考试成绩公布了，阿强考了个第二名，比上次又有进步，他很开心。

一进家门，他就将消息告诉了妈妈，可妈妈脸上却没有丝毫喜悦，反而批评他说："第二名有什么好高兴的，还是班里的第二名。你怎么不看看小钰，每次都考年级第一，你要多和人家学习，不要取得一点成绩就沾沾自喜。"

本以为妈妈会为自己的进步而高兴，却没想到还是遭到了批评，阿强心里感到十分失落。

孩子的小小心情

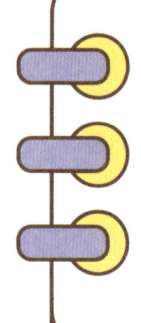

1. 为什么不管我多努力，妈妈都不满意？

2. 你小时候成绩就比我强吗？为什么还看不上我？

3. 你小时候成绩就比我强吗？为什么还看不上我？

和心理学博士聊聊天

　　你自认为已经努力取得了很好的成绩，等来的却是打击和批评，父母的反应让你很难过。其实，并不是你做得不够好，而是父母更看重对你的督促和鞭策，不希望你因一时的进步而松懈。但你可能一时无法意识到这一点，来看一看你有没有以下几种心理表现。

委屈：你觉得自己已经很努力了，考了第二名也不错，你实在不懂为什么妈妈非要盯着第一名，从来不认可自己的努力。

逆反：你有点生气，不喜欢妈妈说的话，你很想问一问妈妈，她小时候是不是每次都考第一名，她如果没有做到，又为什么要求自己每次都考第一名呢？

难过：你认为妈妈只是想拿着自己的成绩向别人炫耀，第一名当然比第二名让她更有面子。她为了自己的面子，无视你的努力，甚至指责你没有考好，你很难过。

心理学词语加油站

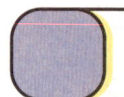

　　当孩子的努力迟迟得不到认可和表扬时，他很容易失去"自我肯定"的能力，看不到自己身上的优点，找不到努力的方向。

什么是自我肯定?

答：一个人对自己的外貌、精神、性格、行为等方面的认可和欣赏，是建立自信心的基础。

练习1：尽可能把自己的想法告诉父母

当父母不满意自己的成绩时，你可以这样说：

我已经很努力了，这次考到了第二名，以后会争取考第一名。

考第一名的同学实在太强了，还经常上补习班。

当你的表现没有达到父母的期望时，要学会主动和父母沟通，告诉他们自己无法做到的原因，让他们了解你当前的具体情况。只要积极沟通，父母一定会理解你努力的事实。

练习2：不要自责

当自己因成绩被父母训斥时，你可以这样想：

爸爸妈妈表现出不满意，是担心我取得了一点成绩就骄傲，其实他们心里也为我高兴。

爸爸妈妈根本不了解我的情况，再接再厉就好，一定有让他们满意的一天。

面对父母的指责和打击，不要自责，更不要随意将错误归在自己身上。父母的想法有时候也是不对的，你既然进步了，就表示你之前付出的努力有了回报，千万不要仅凭父母的主观态度来否定你的努力。如果你总是按照父母的想法苛求自己，除了让自己难过之外，没有任何意义。

3. 为了避免被批评，学会了说谎

心理小故事

凯凯学着孙悟空的样子，把晾衣竿当金箍棒，在客厅里挥舞着。

只听"啪"的一声，餐桌上的杯子被他打到地上，摔碎了。

凯凯傻了，这是妈妈前几天刚买的喝红酒的水晶杯。

眼看妈妈就要下班了，凯凯赶紧把地上的碎玻璃全扔进了垃圾桶，然后，他就躲进了自己的房间。

妈妈回来了，凯凯心里忐忑不安，他决定，如果妈妈问起来，他就说不知道，没看到。

孩子的小小心情

1. 完了，妈妈一定会骂死我的。
2. 趁没人，我得赶紧想办法收拾好。
3. 谁问我，我都说不知道。

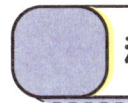

和心理学博士聊聊天

不只是你，几乎所有的孩子在成长的过程中都曾有过撒谎的经历，他们发现说谎不仅可以讨父母的欢心，让自己得到奖励和表扬，还能在犯错后避免受到批评和责罚。孩子说谎多半是为了逃避责罚，他们在撒谎时一般有三种心理，来看一看，你是不是这样想的。

侥幸心理：你曾经也犯过一些错误，并在父母询问时撒了谎，没有被父母发现，也就没有受到父母的批评，当你再次犯错时，你也希望通过撒谎来逃避批评。

逃避心理：父母对你的管教十分严厉，当你犯错时，你想象不到父母会用什么样的方式处罚你，心里十分害怕，于是想要将犯错的责任推给其他人，或者干脆不承认，来避免自己被批评。

拖延心理：你希望通过拖延时间，让父母忘记这件事，来逃避父母的批评。就像考试成绩太差，父母询问时，你总是说"成绩还没公布"。

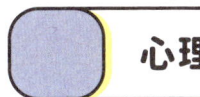

心理学词语加油站

如果你经常说谎，以至于有时候你说实话，父母也会问："你没说谎吧？"这种不信任的感觉让你很不爽，于是，你变成了"嘴里没实话"的孩子。心理学上，将其称为"贴标签效应"。

什么是贴标签效应？

答：当一个人被贴上一些好的或者坏的词语标签，比如"你很认真"，或者"你太自私"，他就会做出一些行为，使自己变得和词语描述的情况一致。

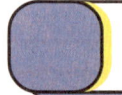

自我疗愈小练习

练习1：认识到撒谎比犯错更可怕

当你想要撒谎时，可以和自己这样说：

妈妈不喜欢我犯错，但妈妈肯定更不喜欢我撒谎。

撒谎比犯错更不值得原谅。

犯错是无意识的，而撒谎则是明知道是错误，仍想要以欺骗的方式逃过惩罚。对父母来说，犯错可能会让他们生气，可撒谎却会让他们伤心。同时，撒谎会让你逐渐丧失别人对你的信任，导致以后不管你说什么，都没有人会相信了。

练习2：给自己认错的勇气

当你犯错后，你可以这样想：

我要有承认错误的勇气。

我要做个敢作敢当的人。

犯错并不可怕，任何人都不可能永远不犯错，重要的是不逃避，勇于承担自己应有的责任。如果你犯错后，主动向父母或老师承认错误，他们不仅不会惩罚你，还会夸你有担当。

4. 转到新学校，很难适应

涵涵转到了新学校，她很想快点融入新环境。课间，她想找同桌说说话，但看到同桌正埋头写作业，就忍住了。她四处瞅瞅，多数同学都在忙自己的事，几乎没有说话的。她很怀念以前班里下课后，大家说说笑笑的样子。

而且，老师上课讲得很快，除了课本上的内容，还会扩展一些课外知识，要学的东西挺多的。她每天上课都很吃力，有些地方还听得似懂非懂，但别的同学看起来都很轻松的样子，这让她很焦虑。

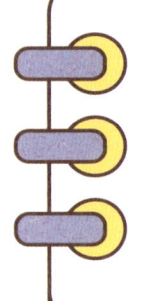

孩子的小小心情

1. 为什么同学们学得都那么快，是不是我太笨了？

2. 我好着急，好像怎么学都追不上班里的同学。

3. 如果我向同学问一些简单的问题，他们会不会嘲笑我？

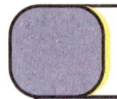

和心理学博士聊聊天

离开熟悉的老同学，来到一个新的班级，你需要面对陌生的老师、陌生的同学、陌生的教学方法等，未知的恐惧，会让你出现不适应的感觉。一般来说，转学不适应的原因有以下三种，看看你属于哪一种。

作息变化带来不适应： 你从一个较为宽松的学习环境中，一下子进入具有严格作息时间的环境，一定会感到不适应。学校要求增多，你需要主动约束自己的一些行为。这种作息变化带来的不适感，在由非寄宿制学校转到寄宿制学校时要更加强烈。

结交新朋友带来压力： 你来到一个新的学校，就需要认识一些新的老师和同学，对性格内向的人来讲，重新交朋友、融入一个集体是十分痛苦的。

成绩落差带来焦虑： 本来成绩优异的你进入一个优秀的集体，班级排名上的落差会对你的信心造成一定的打击。老师的教学速度太快、教学方式不同都会影响你的学习效率，让你变得焦虑。

心理学词语加油站

到了一个新环境，想要尽快融入其中，教你一个让别人迅速接纳你的小技巧——"自己人效应"。

什么是自己人效应？

答：所谓的"自己人"，指的是那些与自己相似的人，这些相似体现在志向、兴趣、价值观等方面。在与人交往时，如果能找到自己和对方相似的地方，就很容易让对方放下戒心，愿意相信你、接近你。

自我疗愈小练习

练习1：从内心认可和欣赏新环境

当你因转到新学校而感到不安时，你可以这样想：

新同学很热情，尤其是我的同桌，我问什么，他都耐心地回答我。

来到这样一个学习气氛浓厚的班集体，我感到很庆幸。

新老师讲课很风趣，我很喜欢。

不要惧怕陌生的环境、陌生的老师和同学。当你从心底认可这个新环境后，你就会发现同学是值得交的朋友，老师是受人尊敬的长辈，一切都显得那么美好。

练习2：期待新的开始

当你因想念熟悉的朋友而悲伤时，你可以这样想：

虽然我很想念老朋友，但在这里，我也会交到新朋友，期待！

我将在这里迎接新的开始！

新的学期，新的班级，一定会有新的收获。

人生需要经历很多个阶段，每一个阶段都是一个新的开始，若干年之后，眼前的陌生人也会像之前的同学一样，成为你为之想念的老师和朋友。

5. 很努力地复习了，成绩依然不理想

图图最近压力很大，马上就要考试了，他暗暗下决心，这次一定要考一个好成绩。每天他不仅上课认真听讲，回家后还要复习到很晚，有时候需要妈妈催促才会上床休息。但考试结果出来后，他感到十分失望，原本以为自己的名次至少能前进十几名，可还是在原地踏步。他不理解为什么自己这么努力，却还是这样的结果。虽然妈妈一直安慰他，让他不要灰心，下次再努力就好，但他的心里就像是系了一个疙瘩一样，怎么都解不开。

孩子的小小心情

1. 我怎么才考了这么点分，不应该啊。

2. 看来我的确很笨，怎么努力都没用。

3. 这下完了，我这么努力，成绩还这么差，肯定要被别人笑话。

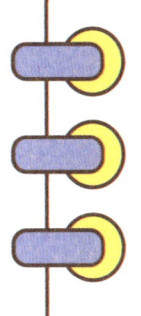

和心理学博士聊聊天

老师和父母经常说，"努力学习才能取得好成绩"。你对此深信不疑，可通过努力之后，你却发现自己依旧没能取得好成绩，于是，内心变得很焦虑。你知道自己为什么会接受不了这个结果吗？

期望过高：你在考试之前为自己定下了一个目标，很多天的努力复习让你信心十足，你认为自己一定能达到这个目标。可结果却和你预想的相差太多，考试前后的落差让你十分难受。而这恰恰是期望过高所导致的，你明明已经进步了，只是没有特别明显而已。

自我怀疑：你认为付出就应该有回报，自己努力地复习就应该取得好成绩。可结果却好像在证明你就是比别人笨，无论你怎么努力就是比不上别人。于是，你开始怀疑努力是否有用，甚至怀疑自己。

在意看法：你认为自己已经很努力了，却获得了这样一个结果。别人肯定会因此嘲笑自己笨。你担心这个结果会让所有人觉得你很努力却依旧如此，是个不折不扣的大笨蛋，根本没有前途。

心理学词语加油站

其实不只是你，当所有人在付出一定的时间和精力后，结果不能令他们满意，他们都会感到失落。这就是心理学上的"沉没成本效应"。

什么是沉没成本效应?

答：当一个人前期投入了成本，就不愿接受前期的付出泡汤的事实。或者即使明知自己的选择是错误的，还是会倾向于持续增加投入。

自我疗愈小练习

练习1：接受最坏的结果

当结果令你不满意时，你可以这样想：

虽然我的努力带来的结果不够好，但我依然在努力中得到了成长。

影响结果的因素有很多，可能我在努力，别人也在努力。

很多事情都不是一蹴而就的，就像你种下一朵花，它需要时间成长，也许未来会被暴雨浇死，被害虫咬死，并不是你每天给它浇水，它就一定能够开花。因此，在努力的同时，你也要学着接受最坏的结果。结果只是一次检验，你并非没有收获。

练习2：判断自己的努力有没有用

当你向老师或父母寻求帮助时，可以这样说：

老师，我很努力了，为什么成绩还是这么差，是不是学习方法有问题?

妈妈，是不是我努力的方向不对?

老师和父母作为旁观者，要比你拥有更清晰的视角。有时候你只感觉自己在努力，每天加班加点复习，身心疲惫，这种感觉让你坚信自己在付出。可是，在别人看来，你的努力根本就没找对方向。你可以寻求一下别人的意见，来判断自己的努力是不是需要调整方向。

6. 学习已经很累了，为什么还要运动

心理小故事

小涛越来越胖，妈妈十分担忧，为此每天都督促他运动，给他鼓励。

"加油，跑快一点，追上妈妈，你是最棒的！"

"快起来，别休息了，今天的运动任务还没有完成呢！"

"运动是有好处的，你再这么懒下去，会越来越胖的，以后说不定要生病的！"

"累什么累，活动起来就不累了，赶紧出门，我给你算着时间呢！"

在妈妈连哄带吓的督促下，小涛每天都会出门运动，可他也不知道自己为什么要运动，甚至开始越来越讨厌运动，而自己却不敢和妈妈说。

孩子的小小心情

1. 我不喜欢运动。

2. 我好累，不想运动。

3. 运动后就腿疼，不想动。

和心理学博士聊聊天

运动是一件好事，可以增强体质，促进发育，但父母的要求却让你颇为苦恼，甚至反感。你知道你为什么会讨厌被父母逼着去运动吗？一般来说，有三种心理，看看你是不是这么想的。

失控：你的自我意识有一定的增长，开始渴望掌握自己的控制权，而父母的强迫和催促让你产生了失控感，你想要拿回自己的控制权。你抵制的不是运动，而是父母的命令。

疲劳：经过一天的学习，你真的很累，只想在一个地方安静地休息、放松。可父母的要求又使你不得不拖着疲惫的身子去运动，这让你更加身心俱疲。

脱敏：你平时不喜欢运动，冷不丁被要求外出运动，让你一时接受不了。在运动时，你只觉得浑身酸痛，喘不上气来，这种感觉让你十分痛苦。

心理学词语加油站

既然运动是一件有助于成长的事，你为什么还会反感？就是因为"心理适应"能力不足。

什么是心理适应？

答：一个人进入新环境，处理复杂、重大、危急事件的适应能力。比如，你在放学后被要求运动，运动是一个新项目，也是一个必选项，你久久不能接受这件事就是心理适应性太低。

自我疗愈小练习

练习1：了解运动的好处

当你被强迫运动时，你可以这样想：

每天运动，我会长得更高。

只要我坚持，过几天就不会这么痛苦了。

运动后的疲惫感是最容易误导你的感受，由于产生了痛苦的感受，你往往会将运动归为惩罚，并试图远离运动。可事实上，每一个强健的体魄都是由运动带来的，运动不仅可以提升你的心肺能力，还能促进骨骼和肌肉增长。

练习2：表明自己的态度

当你被父母要求运动时，你可以这样说：

我知道运动对身体好，可我能不能自己分配时间？

妈妈，今天我真的很累，我想休息一下。

父母关心你的身体，同样也关心你的想法，只要你大声将自己的想法说出来，他们一般不会强硬地回绝。因此，如果你有什么想法就要及时告诉父母，否则他们很难猜中你的心思。

第二章

郁闷：不开心是病吗

1. 在学校被欺负不敢反抗，一个人默默忍着

芳芳是一个在城里上学的农村姑娘。由于黝黑的皮肤和朴素的衣着，她经常遭到同学的嘲笑，甚至成了被霸凌的对象。同桌是个小男孩，非常不喜欢她，在桌子上画上"三八线"，不准她过界。每次下课，她都不敢离开座位，只要自己出去再回来就会受到小男孩的刁难，有一次还不得不从桌子下面爬回座位。芳芳也不敢告诉老师和父母，每次只会躲起来哭。

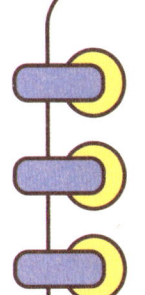

孩子的小小心情

1. 忍忍吧，爸爸妈妈工作太忙，我不想让他们担心。

2. 告诉爸爸妈妈有人欺负我？他们肯定说是我惹是生非，还是算了吧。

3. 同学都不理我，我不想去上学了，好想换个学校。

和心理学博士聊聊天

有的孩子，遇到一点小事，就哭着回家找爸爸妈妈，而你为何在被殴打、被冤枉、被嘲笑、被排挤、被歧视、被辱骂的时候，却选择一个人默默忍受，不敢吱声？下面几个原因，你属于哪个？

胆小懦弱： 你性格柔弱、胆小，脸上挂着卑微和讨好，被人欺负也不敢反抗，习惯把委屈藏在心里。

逆来顺受： 你有比较强势的爸爸妈妈，总是被命令做这做那，就像是从小被铁链绑着的小象，失去了反抗的意识。当你在学校受了欺负，自然也不懂得反抗。

逃避心理： 你温柔随和，害怕与人发生冲突。因为担心冲突带来的后果自己无法承受，所以就用默默忍受来逃避。

安全感缺失： 你从父母那里没有得到安全感，与他们相处，你总是小心翼翼，生怕因说错话、做错事而挨骂。你怕父母胜过怕被欺负，当然就不敢告诉他们自己被欺负。

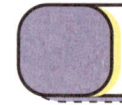

心理学词语加油站

当你总是被欺负，又总是默默忍受，不懂反抗和求助，久而久之，就会形成"习得性无助"，任由霸凌愈演愈烈。

什么是习得性无助？

答：美国心理学家塞利格曼在1967年用狗做了一项经典实验，他把狗关在笼子里，蜂音器一响，就对狗进行电击，狗无处可逃。后来，再次响起蜂音器，在电击前把笼门打开，狗却并不逃跑，而是先倒地呻吟和颤抖，它本来可以主动逃避却绝望地等待痛苦的到来，这就是习得性无助。

自我疗愈小练习

练习1：对"霸凌"说不

当你被霸凌时，大声对霸凌者说：

住口！不许这样说我！

松手！放开我！

霸凌者都是欺软怕硬的，你越是默不作声，对方越是认为你好欺负。所以，别一开始就在气势上输了，要敢于反抗。

练习2：避免激怒对方

当你被霸凌者抓住殴打时，要想办法逃跑：

对着远处大喊"爸爸，你来接我了！"然后趁对方注意力分散时，迅速跑走。

"有话好好说，你不是要钱吗？我都给你。"给钱走人。

如果碰上人多势众，面临身体威胁的时候，就不要在言语上逞能，以免激怒对方，应想办法尽快逃离现场，避免受到伤害，然后再找老师或家长解决问题。

2. 当着全班同学的面被批评，太丢脸了

心理小故事

　　豪豪没有完成老师布置的家庭作业，被老师叫上讲台说明情况。老师问："豪豪，你为什么没有交作业？"豪豪低着头小声回答："我忘记带了。"老师又问："你是没带还是没写？"豪豪见谎言被揭穿，只得承认自己没写。老师担心有特殊情况，继续问："那你为什么没写？"豪豪回答说："不想写。"老师很生气，豪豪也忍不住大哭起来。

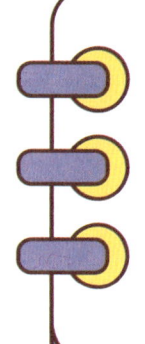

孩子的小小心情

1. 所有人都在看我，真的太丢人了，没有人会喜欢我了。

2. 我再也不贪玩了，下次一定要写作业。

3. 太丢脸了，我再也不想上学了。

和心理学博士聊聊天

当孩子站在全班同学面前被老师批评时，他们敏感且脆弱的自尊心就会受到伤害。像大人一样，孩子也在乎自己的面子，这种难堪会让孩子出现三种表现，你又是哪一种呢？

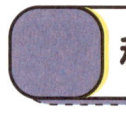**悔恨：**你觉得是自己犯了错才会受到当众批评的惩罚，一切都是由自己造成的，心里十分后悔。

委屈：你不关心犯错这件事，只知道自己现在站在台上，被所有人盯着很丢脸，可能以后自己会经常被同学们嘲笑。

愤怒：在你眼里，自己只是犯了一个小错，以前也有同学这样做，而老师却只让自己当着所有同学的面接受批评，太偏心了，老师好讨厌。

心理学词语加油站

当孩子的自尊心受伤后，如果不加以疏导，任由其发展，很可能就会形成"脆弱高自尊"。

什么是脆弱高自尊？

答：习惯用他人的评价来定义自己，常见的表现有三种：一种是一会儿认为自己很棒，一会儿又认为自己一无是处；另一种是固执己见，不愿接受任何人的意见，因为接受就意味着自己是错的；最后一种是时刻将满足别人的期望放在首位，很在意别人对自己的评价。

练习1：认识自己的错误

当你被批评时，告诉自己：

老师希望自己能勇敢地承认错误，以后不再犯错。

犯错的感觉很不好受。

老师不会无缘无故批评一个人，批评你一定是你犯了错，是你自己的不小心、懒惰、贪玩造成这一结果。而且，不管是严厉的批评，还是当众出丑，都只是方式，不是目的。老师希望通过这次痛苦的经历让你认识到任何错误都会付出代价，并牢记这次代价，避免下次再犯同样的错误。

练习2：真诚地和老师道歉

下课之后，和老师说：

我知道错了，希望您能原谅我。

对不起老师，我一定会记得这次教训，请您放心。

在老师眼中，知错能改才是好孩子，你真诚地道歉，一定能获得老师的原谅。当你能理解老师的苦衷时，你的父母和老师会感到十分欣慰。

3. 爸爸妈妈离婚了，谁都不愿意要我

心理小故事

轩轩的爸爸妈妈打算离婚，可谁也不愿意要轩轩。两个人为此天天吵。

妈妈说："我没正式工作，怎么养孩子？再说孩子跟你姓，不跟你跟谁？"

爸爸说："我是货车司机，一个月有20多天都在路上，你让他跟着我，我怎么办？"

妈妈说："那我管不着，你爱咋办咋办！"

爸爸："我看你就是怕她耽误你嫁人吧。"

妈妈："是又怎么样？"

……

轩轩害怕地躲在一边，要是爸爸妈妈都不要自己了怎么办？

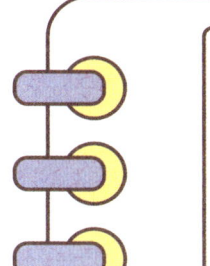

孩子的小小心情

1. 为什么爸爸妈妈都不想要我? 是我做错了什么吗?

2. 既然不要我, 当初干吗要生我? 我恨你们!

3. 我就是多余的, 我走了你们都别找我!

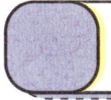

和心理学博士聊聊天

当爸爸妈妈闹离婚，并表示出谁也不愿意带着你生活时，你一定难过又害怕，也会非常生气。不要怕，爸爸妈妈有抚养你的义务，即便是离婚了，这种义务也不会消失。

只是当你感受到父母的嫌弃，心理上也会发生很大的变化，看看下面几种变化，你有吗?

变得孤僻： 你总喜欢一个人待着，讨厌和别人接近、交往，对别人的召唤也不愿理会，更不愿意和别人打招呼。你总是刻意远离人群，对所有想接近你的人保持戒备。

变得自卑： 长期缺乏父母的爱，让你十分渴望关爱和认可，在和同学、玩伴的交往中总是摆出一副讨好的样子，小心翼翼，生怕别人讨厌自己。你可以不在意别人对自己的伤害，只希望他们不要离开自己。

变得敏感： 你对任何能够让你讨厌的事情都很敏感，即使对方只是在和你开玩笑，你也会特别生气，和对方争执，甚至殴打对方。在生活中，经常会因为一些小事引起十分强烈的不愉快。

变得悲观： 你对任何事情都没有兴趣，做什么事都没有信心，找不到活着的意思，偶尔会出现轻生的想法。

29

心理学词语加油站

爸爸妈妈离婚，会给年幼的你留下很深的伤疤，很容易造成"创伤后应激障碍"。

什么是创伤后应激障碍？

答：在人受到巨大刺激后出现的一种精神疾病，患有创伤后应激障碍的人情绪会变得不稳定，内心十分敏感且脆弱，会出现冲动言行，严重者还会出现自残、自杀等行为。

自我疗愈小练习

练习1：相信父母是爱自己的

当父母离婚后，你可以这样安慰自己：

爸爸不是不爱我了，他只是遇到了困难。

妈妈不会不要我的，她说的是气话。

爸爸妈妈虽然分开了，但他们仍然是爱我的。

父母并不是不爱自己，只是有说不出口的苦衷，你要相信父母是爱自己的。也许等这件事过去了，他们就会回到你的身边。

练习2：我可以选择不原谅

当父母离婚后，你可以这样开解自己：

我就是恨你们，永远都不能原谅！

我要努力学习，以后变得更好，让你们后悔当初不要我！

如果父母离婚后谁都不愿意要自己，那从这一刻起，你就是一个大人了。不管父母做出了怎样的选择，那都是他们的人生，而你的人生则刚刚开始，你要努力让自己变得强大。

4. 亲人去世，常常躲起来一个人偷偷哭

天天回家后没有见到奶奶，爸爸告诉她，奶奶去了很远的地方，要很长时间才会回来。

天天问："很远的地方是哪儿？"

爸爸沉默了好久，说："那个地方叫天堂。"

天天："那奶奶还会回来吗？"

爸爸："天天，爸爸会陪着你。"

天天大哭："我要奶奶！"

后来，天天知道奶奶再也回不来了，常常一个人躲在被窝里哭。

孩子的小小心情

1. 奶奶去哪儿了？她什么时候回来啊？

2. 奶奶走了，奶奶不要我了。

3. 我想奶奶，好难过。

和心理学博士聊聊天

如果你最依赖、最信任的人，忽然见不到了，家里人告诉你，他去很远很远的地方了，你可能并不懂那是死亡。面对这种失去，你会害怕、难过、不解，常见的心理表现如下。

焦虑心态： 你觉得死亡就是奶奶要离开自己了，就像每次送自己去上学，走到学校门口的分离一样，只不过这一次的分离时间比较长。你等待得很焦急，希望快点见到奶奶。

游戏心态： 你见惯了这种"死亡"，认为奶奶也会像动画片里的人物一样，在消失几天之后，会再次出现在自己面前。

无感： 你不懂死亡，即使有人告诉你奶奶去世了，你也只是"嗯"一声，转身又会问身边的人，奶奶是不是睡着了，我想让奶奶陪我玩玩具。但悲伤的氛围会让你变得紧张，不敢说话。

恐惧心态： 你知道死亡的含义，也知道"奶奶去世"意味着什么，你会感到悲伤难过，无法接受这个事实，同时你开始恐惧死亡，担心自己有一天也会死去。

当关系比较亲近的亲人离世后，孩子会出现悲伤、恐惧等情绪，长时间积压在内心，很容易患上"儿童分离焦虑障碍"。

什么是儿童分离焦虑障碍？

答：年幼的孩子因担心和亲人分离而出现严重的焦虑反应，出现经常做噩梦、必须时刻有亲人陪伴等症状，常见于6岁以下儿童。

练习1：理解死亡

当你不明白人为什么要死时，你可以这样做：

阅读一些关于生命周期的插画书，了解大自然的规律。

向老师和家人询问生命和死亡的含义。

通过了解大自然的规律，你会发现，出生和死亡是每一种生物都要经历的过程，就像花园中花朵的盛开和凋谢，宠物小狗从出生到长大，再到死亡。人也是如此，不只是妈妈，爸爸、老师、同学、邻居家的小伙伴，还有你，都要经历这个过程，不必担忧，也不必害怕。

练习2：释放内心的悲伤

当你忍不住想哭时，你可以这样做：

想哭就大声哭。

我要把想对已故的亲人说的话，都写下来。

悲伤就像洪水，你要想办法把内心的洪水引出去。大哭一场，让眼泪冲走悲伤。或者找个人倾诉，如果你不愿意向人倾诉，那就用笔倾诉，养成写日记的习惯。

练习 3：化悲伤为力量

当你难过时，你可以这样做：

尝试安慰一些身边悲伤的亲人。

默默地告诉奶奶，你放心吧，我一定好好的。

亲人离开了，但他们会在天上看着你长大，你一定要成为一个坚强的好孩子。如果你很难过，想哭就哭，有话想说就说给每一个人听，早日回到学校学习，开始正常的生活。

5. 被寄养在亲戚家，
每天都过得小心翼翼

心理小故事

菜菜的父母远在外地打工，她被寄养在小姨家。虽然小姨和姨夫对她挺好，但她还是觉得不自在。

有一次，在餐桌上，小姨给她夹了一块肥得流油的红烧肉，并对她说，不能只吃青菜，营养均衡才能长个儿。她虽然吃不下，但又怕辜负小姨的一片好意，不敢说不。为了让小姨开心，她一边忍着恶心，一边装作很爱吃的样子，说："嗯，挺好吃的。"

孩子的小小心情

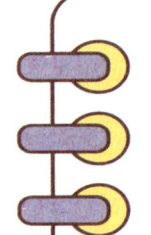

1. 爸爸妈妈为什么要把我一个人丢在这儿？

2. 我想回家，和爸爸妈妈在一起。

和心理学博士聊聊天

不管你是以什么原因被寄养在谁家，哪怕对方待你再好，你也不会有在家里那种自由自在的感觉。你会因此变得孤僻、敏感、没有安全感，处处看人眼色，做事小心翼翼，甚至发展成"讨好型人格"，和自己的父母也亲近不起来。

这些都是正常的，因为就算是大人在别人家待一天，也会感觉不舒服，何况一个孩子要在别人家待那么长的时间？别人家的规矩，别人的一怒一喜，别人对自己的要求，你既不是主人，也不完全是客人，肯定会有很多的不适应。你不敢或者不好意思提要求，时间长了就会养成大人说什么自己只需要听着、小心应对的习惯。而当与爸爸妈妈分开太久，你们之间也会充斥着满满的陌生感，让你不知道如何去面对他们，也不知道如何与他们相处。

这不是你的错，但如果把过错都推给爸爸妈妈，似乎也不公平，因为生活总有迫不得已的选择。

心理学词语加油站

什么是讨好型人格？

答：为了获得别人的肯定和赞美，或者避免收到负面评价，不顾自己的真实感受，去迎合别人。

练习1：尝试大胆表达，勇敢拒绝

勇敢表达你内心的想法：

我等会儿可以用一下表哥的电脑吗？

我今天饿了，可以再盛一点饭吗？

今天我可以先写作业再扫地吗？

确定你想说的，试一试说出来吧。

大人没有你想的那么脆弱，你小小的拒绝，不至于让他们认为你是不懂感恩的孩子。恰恰相反，当你放下拘谨，放下不好意思，反而能让你们的关系更自然融洽。

当然，拒绝是困难的，但试试总好过一直委曲求全。如果感觉没有勇气，那就从表达小小的需求开始。

练习2：多和爸爸妈妈说说心里话

当你和爸爸妈妈打电话时，你可以这样说：

早上出门忘记戴口罩，只好返回去取，害得我差点迟到。

我在教室的窗台上发现两只毛毛虫，我很好奇它们是怎么进来的。

常和爸爸妈妈说说悄悄话，分享是一架奇妙的桥梁，能把你和爸爸妈妈紧密地连接在一起。只要心在一起，血浓于水的感情就不会败给距离。

6. 那件事过去很久了，我一直很自责

心理小故事

蓓蓓一直不敢碰刀、剪子之类的东西，因为她一直放不下曾经发生的一件事。很小的时候，蓓蓓和小伙伴在家里玩耍，她不小心用剪刀划破了小伙伴的脸，流了很多血。

事情发生后，父母做出了赔偿，她很真诚地认错、道歉，也获得了对方的原谅。

可即使过了很多年，蓓蓓依然记得这件事，并一直为此感到自责。虽然好朋友脸上的伤疤随着长大变得模糊，也没有再提起过这件事，但蓓蓓却一直无法原谅自己。

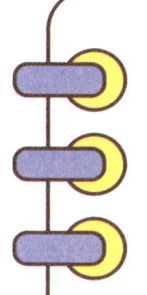

孩子的小小心情

1. 我为什么会做这种事？真的不应该。

2. 现在想起来还是会难受，我那时候是闯了很大的祸。

3. 虽然所有人都原谅了我，可我原谅不了自己。

和心理学博士聊聊天

你一直对自己犯过的错耿耿于怀，主要是出于愧疚或后悔的心态。如果这种心态没有随着时间而消失，一般来说就是你的认知或心理出现了偏差。你知道什么样的心理会导致你始终无法原谅自己吗？

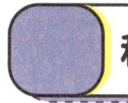**完美主义**：你对自己的要求十分苛刻，并希望以自己完美的形象得到所有人的认可。但曾经犯过的错误就像是污点，让你无论如何努力都不会变得完美，于是，你就会讨厌曾经的自己，责怪曾经的自己。

后果太严重：你曾经犯下的错导致了很严重的后果，不管是亲眼所见，还是父母当时对你的态度，都让你有种天塌下来的感觉。即使所有人都原谅了你，甚至遗忘了这件事，但那种感觉还是让你对当时的情形记忆犹新，始终不能忘记。

没有得到惩罚：你认为犯错就应该得到惩罚，可当时也许是对方大度，父母仁慈，你没有得到应有的惩罚，可你知道自己犯了错，所以你会一直通过自责来惩罚自己。

心理学词语加油站

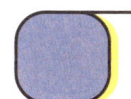

你一直忘不掉自己曾经犯下的错误，很可能是"低自尊"导致的。

什么是低自尊?

答:一种对自我评价过于负面的自我信念。你会觉得自己的价值很低,会过度放大自己的缺点,并对生活造成不利影响。

练习1:纠正自己的想法

当你一直自责时,你可以这样想:

事情已经过去了,我再纠结当初的错误也没有什么用。

所有人已经原谅我了,我也要原谅自己。

你要知道,过去的事情是无法改变的,即使你一直责备自己,也无法弥补曾经的错误。你需要做的只有记住这次的教训,尽量在今后的生活中避免再次发生这种事。同时,不要对自己太苛刻,每个人都难免犯错,接纳不完美的自己,学会成长。

练习2:发泄自己的情绪

当你因此难过时,你可以这样说:

妈妈,我当初犯了一个天大的错,我是不是太坏了?

爸爸,我为什么总是想起那件事,我好难过。

父母永远是你最坚实的后盾,有什么事情都可以和他们说。情绪积压在心里很不好,释放出情绪才能让你感到轻松。如果你有什么担忧尽管说出来,不仅能发泄让你难受的情绪,还能在父母的开解下更好地理解犯错这件事。

第三章

意志力：我管不住我自己

1. 明知薯片、辣条不健康，就是忍不住想吃

心理小故事

菲菲喜欢薯片、辣条，每天放学都拿零花钱偷偷买来吃。

妈妈一再告诫她辣条不卫生，吃多了影响长个儿，还会致癌。但菲菲总是口头上答应，转头又去买。妈妈狠心断掉她的零花钱，她就悄悄找爷爷奶奶要。

妈妈知道后，非常生气，狠狠批评了菲菲。菲菲哭着说："我知道辣条不健康，可我就是忍不住。"

孩子的小小心情

1. 虽然知道不健康,但辣条太好吃了,越吃越想吃。

2. 哪有那么严重,我身边的人都吃辣条,也没见着有生病的。

3. 再吃最后一次,吃完就不吃了。

和心理学博士聊聊天

有时候,你明明知道辣条不健康,还是忍不住想吃,问题究竟出在哪里?一般来说,孩子之所以会忍不住,往往有四种原因。

视觉刺激: 当你第一次见到辣条时,是不是会忍不住咽口水?这是因为红色会刺激你的食欲,油汪汪的表皮会让你联想到很多好吃的食物,红烧肉、烤鸭都是你爱吃的,这时候,你就会忍不住想要尝一尝。

味觉刺激: 如果你吃过辣条就很难忘记它的味道,当你吃辣条时,会感觉有一种淡淡的甜味和辣味,伴着油脂的香味在你嘴中转来转去,你会感到很快乐。因为,甜、辣和油脂是最能让人开心的三种味道,而这三种味道在辣条中的比例非常好,吃多少好像都吃不够。

侥幸心理: 你经常听爸爸妈妈给你讲辣条的危害,但从来没有亲眼见过,更何况电视上报道的那个牌子的辣条又不是自己吃的那种。

记忆唤醒: 在爸爸妈妈的监督之下,你不再吃辣条了,每天都吃着清淡的饭菜,根本感觉不到开心。当你突然见到辣条时,那种辣条带来的快乐记忆就会出现,好像有人在耳边催促你快去买一包。即使你知道吃辣条不健康,但还是会忍不住。

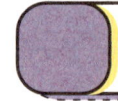

心理学词语加油站

你总是忍不住吃辣条，属于最简单的"成瘾"行为，如不矫正，在未来面对各种诱惑时，会很容易失控。

什么叫成瘾？

答：大脑中形成的病态反馈循环。当一种行为或东西为你带来快乐，而你沉醉在这种快乐中就会成瘾，并开始对这种行为或东西有强烈的渴望。常见的有网络成瘾、赌博成瘾、烟酒成瘾等。

自我疗愈小练习

练习1：厌恶疗法

当你忍不住想要吃辣条时，你可以这样做：

观看一些小作坊制作辣条的视频和图片。

观看记者采访辣条制作车间的新闻报道。

昏暗的车间、布满灰尘和油污的机器、脏兮兮的工人徒手包装辣条等一幅幅画面，会给你留下深刻的印象。当你再次见到辣条时会自觉和这些画面联系在一起，内心就会出现一种恶心的感觉。

练习2：远离辣条

在生活中，你要做到：

不要到超市的辣条区。

当身边的小伙伴吃辣条时，立刻走开。

即使你有控制吃辣条的想法，当闻见辣条的香味，或者身边的小伙伴分享给你时，你也会忍不住吃一根，因此，远离有辣条的环境，能够降低辣条对你的诱惑。

练习3：用健康的食物代替辣条

当你想吃辣条时，你可以这样做：

想吃辣条的时候可以吃一些小糖果。

吃饭的时候多吃一些，吃饱了就不想吃辣条了。

孩子贪吃是正常的，如果实在忍不住想吃一些东西，可以选择干净卫生、对身体有好处的食物，避免让辣条伤害自己的身体。

2. 动画片太好看了，真想一直看下去

心理小故事

丽丽最近迷上了一部动画片，每天晚上都要盯着看很久才去睡觉，因此她白天上课的时候经常打瞌睡。妈妈发现之后告诉丽丽要早点睡觉，一直盯着电视对眼睛不好，听话才是好孩子。但丽丽每天还是吵着要看动画片，妈妈很生气，直接关掉了电视，把丽丽抱回了卧室里，可丽丽又哭又闹，怎么都不肯去睡觉。妈妈不得不打开电视，让她看个够。

孩子的小小心情

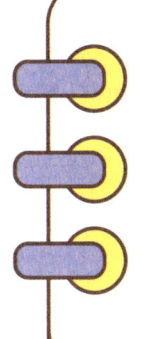

1. 动画片好好看，我还要看。

2. 为什么妈妈想睡觉了，我就要去睡觉，我不要，我就要看。

3. 待着好无聊，我想看动画片。

和心理学博士聊聊天

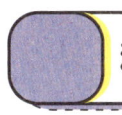

当爸爸妈妈关掉你正在看的动画片时，你一定很不开心，感觉自己的快乐一下子被爸爸妈妈收走了，可自己总是忍不住还想继续看。你知道你为什么会想要一直看动画片吗？

愉悦回路：当你觉得动画片有趣，大脑就会把看动画片和开心联系起来，看的次数越多，这种联系就越紧密。最后变成，动画片越是让你开心，你越是沉迷，这就是"愉悦回路"在起作用。

消除孤独：爸爸妈妈总是在忙，你感觉很孤独，也很无聊，动画片里的人物就像朋友一样陪着你，你离不开他们。

好奇心：你发现动画片里的东西自己从来都没有见过，戴着帽子的猫咪、拿着锤子的小老鼠，每一个都让你感到新奇，你觉得自己的奇思妙想在动画片中实现了。

心理学词语加油站

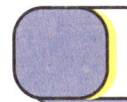

你本来想着看一集，结果一集又一集，根本就停不下来，这其实是"蔡戈尼克记忆效应"在起作用。

什么是蔡戈尼克记忆效应？

答：人天生就存在一种驱动力，如果一件事情没有完成，就会给他们留下深刻的印象，以至于他们时刻想去把那件事做完。当孩子在看动画片时，由于动画片的内容衔接十分精彩，孩子会忍不住一直看下去，直至看完。

练习1：了解多看动画片的危害

当你长时间看动画片时，可以听一听妈妈怎么说：

近视了，就得戴眼镜，戴眼镜多麻烦啊。

动画片看多了会变"傻"、变"笨"，还是少看点吧。

长时间盯着屏幕，除了影响视力，还会影响智力。这绝不是危言耸听，因为看动画片不仅影响阅读能力，还影响思考力，影响专注力，以及影响与人的互动能力。时间长了，真的要变傻。

练习2：反"蔡戈尼克记忆效应"

当你实在忍不住想看动画片时，可以这样做：

看一集讲一个完整的故事的那种动画片。

说看一集就不看了，我要说话算数。

看一集就知道结局了，就不会再惦记下一集了。同时，也要养成说话算数的习惯，说好看一集就看一集，不能没完没了。

练习3：去做有意义的事

当你无聊想要看动画片时，你可以这样做：

和爸爸妈妈聊聊天。

帮妈妈做一些家务。

当你在感到无聊时找到了可以打发时间的事情，就会中断动画片对你的刺激。如果你全身心地投入到另一件事中，自然而然就会忘记看动画片这件事。

3. 一玩游戏就停不下来，怎么办

　　鹏鹏班上的同学一直在讨论手机游戏，看着小伙伴玩得这么开心，他也忍不住玩了起来，没想到一下子就被迷住了。每天放学后，他第一时间就拿起手机玩游戏，爸爸妈妈和他说话也不理，吃饭也需要爸爸妈妈喊很多遍，才不情愿地放下手机。由于一直把心思放在游戏上，鹏鹏的学习成绩下降得很快，鹏鹏心里虽然很着急，但每次放学回家还是忍不住想玩游戏。

孩子的小小心情

1. 同学们都在玩，凭什么我不能玩？
2. 晚上一个人待着好无聊，不玩游戏不知道自己要干什么？

和心理学博士聊聊天

你一定很奇怪为什么自己一玩游戏就停不下来？有时候明明眼睛很疼、身体很累，还是忍不住？游戏面前，你为什么控制不住自己？让我们一起来看看吧。

正反馈： 在心理学上，正反馈会激励你继续努力，负反馈会让你感到失望，失去动力。在网络游戏中，你在打怪、升级、完成击杀的过程中获得了正反馈。自然每次玩完之后，心里就会想着继续玩，再次获得正反馈。如此一来就形成了一个循环。

卓越的成就感： 生活是艰难的，即使你付出了努力，耗尽自己全部的热情去做一件事也不见得会获得好的结果。但在游戏里却不一样，你只要努力就能成功，这种形式会让你很简单地获得卓越的成就感。比如，你在游戏中充很多钱，拿着最好的装备，很容易就会获得胜利，这种被认可的感觉是你所渴望的，也是现实生活中不容易得到的。

激励和认可： 你渴望被认可，但这种需求在现实生活中得不到满足，而游戏却给予了你足够的认可，两者对比之下，你就越来越迷恋玩游戏的感觉。

好胜心： 很多人都有好胜心，当你在游戏中输掉后，会一直对这次失败耿耿于怀，想要赢回来。而游戏的机制恰恰就是在操纵玩家的输和赢，你总是输，偶尔赢一把就会让你很开心，你也会尽力追逐这种短暂的开心。

扮演欲： 一些扮演类的游戏能给你极大的代入感，符合你平时幻想中的场景，满足你的内心。

心理学词语加油站

你之所以沉迷于游戏，是因为每一款游戏都符合"奶头乐理论"。

什么是"奶头乐理论"？

答："奶头"即令人陶醉的消遣娱乐和充满感官刺激的产品，比如网络、电视和游戏等，用这些"奶头"填满人们的生活、转移其注意力和不满情绪，令人沉浸在"快乐"中，不知不觉丧失思考能力，无心改变现状。这就是著名的"奶头乐理论"。

自我疗愈小练习

练习1：将游戏当成奖励

如果你十分喜欢玩游戏，你可以这样做：

回家写完作业，就奖励自己玩一局游戏。

如果这次考试能进步，放假就可以玩一天游戏。

你可以将玩游戏作为一种激励手段，比如，做完作业、考试成绩很好等，这样不仅可以有效戒除游戏的成瘾，还会为自己提供一个正向激励。

练习2：用生活中的游戏替代网络游戏

当你沉迷于网络游戏时，你可以这样做：

约一些小伙伴一起去打篮球。

和爸爸一起下棋。

竞技类的游戏能够明显提升你的亢奋度，当你去打篮球、踢足球时，与小伙伴之间的对抗、输赢同样能满足你的需求，同时还能起到锻炼身体的作用。

4. 上课无法集中注意力，怎么办

乐乐上课总是不认真，听一会儿课就觉得没意思，要么摆弄铅笔和橡皮，要么就盯着一个地方发呆。虽然老师经常提醒他，但只要稍不注意就走神了。为此，老师将这种情况告诉了乐乐的妈妈。妈妈以为乐乐生病了，带他去医院检查，可医生却说乐乐身体很健康。这让妈妈很着急，询问乐乐到底怎么回事，可乐乐回答说："我也不知道，有时候不知不觉就走神了。"

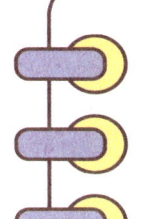

孩子的小小心情

1. 外边的人在说什么？听不清。

2. 好无聊啊，什么时候放学啊？我要吃肯德基。

3. 咦，老师在讲什么？是刚才讲的内容吗?

和心理学博士聊聊天

上课无法集中注意力是一件很常见的事，不必为此烦恼。你之所以经常出现这种情况，很可能是以下三个原因造成的。

 **不专心：**你正处于活泼好动的年纪，很容易受到外界的干扰。比如，教室外面有人说话，突然发现课本上的小熊和自己的玩具很像等，都会将你的注意力吸引过去。导致你一直无法沉浸在学习中。

不想听：你对学习没有概念，你只觉得老师讲的课很无聊，自己根本不想听。于是，你就会忍不住开始计划放学吃什么，去哪里玩，或者回想昨天晚上看过的动画片，等等。

跟不上：你想学习，但老师讲的速度太快或者内容太深奥，你一时理解不了，而你又不好意思问老师。当你发现自己越来越听不懂老师讲的课时，索性就不听了，专心想别的事情。

心理学词语加油站

你的注意力不集中很大程度上受环境的影响，这在心理学上被称为"斯特鲁普效应"。

什么是斯特鲁普效应?

答：在几个代表颜色的文字上，涂上和文字含义不同的颜色，让人回答文字所表达的颜色，他们很容易答错，或会出现迟疑的情况。如果小孩子的房间里放满了奥特曼贴纸和玩具，他根本就无法安心写作业。这种优势反应对非优势反应的干扰就称为"斯特鲁普效应"。

自我疗愈小练习

练习1：一次做好一件事

在做作业时，你可以这样想：

我可以为所有任务安排具体的时间。

我要在 30 分钟内做完作业。

弗朗西斯科·西里洛发明了"番茄工作法"。当你将一个小时分割成 3 个 20 分钟或 4 个 15 分钟，然后在每一个 15 分钟或 20 分钟内完成相应的任务，你往往会更容易集中注意力，排除一切干扰。

练习2：做一些有利于集中注意力的游戏

在日常生活中，你可以这样做：

让爸爸妈妈说一段话，如果听到水果的名字，我就举手。

玩一些找不同的游戏。

注意力是可以训练的，如果你经常在生活中做一些有助于提升注意力的游戏，就会有意识地排除干扰，在今后的学习中使注意力变得集中。

5. 架子鼓学了三天就不想学了

菜菜的父母给她报了一个架子鼓兴趣班。第一天上课的时候,菜菜格外积极,双手拿着鼓棒和老师有模有样地学习打鼓,还把老师给自己录制的打鼓视频带回家给妈妈看,妈妈十分开心,和菜菜说:"你真棒。"

可连着学了两天之后,菜菜就不想去上课了,老师讲的东西自己一点也听不懂,身边的同学都能打得很好,自己却一直都找不到窍门。看着和自己年龄一般大的同学在台上演示,菜菜觉得自己很笨,根本学不会打鼓。

孩子的小小心情

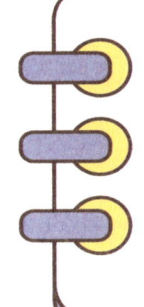

1. 为什么他们学得这么好，我却怎么也学不会？
2. 打鼓好累啊，我想出去玩。
3. 妈妈，能不能不要让我学打鼓了，我真的不喜欢。

和心理学博士聊聊天

很多和你一样的孩子都不喜欢上兴趣班，可能是一开始就不喜欢，也可能是学习一段时间之后变得不喜欢。一般来说，孩子无法坚持上兴趣班的原因有很多，来看一看你是不是这样想的。

没兴趣：你根本不喜欢爸爸妈妈给你报的兴趣班，只是爸爸妈妈希望你去上课，你不想让他们不开心，每天都盼着早点下课回家。

课程太难：你见到身边的小伙伴球踢得真好，舞跳得真棒，你也希望像他们一样受欢迎。但上兴趣班又苦又累，老师每天讲的东西自己有时候也听不懂，不知道自己什么时候才能像他们一样做得那么好。

疲劳：你感觉自己真的很累，每个周末都要去上很多兴趣班，上午学画画、唱歌，下午还要学踢球、跆拳道，每天晚上回家累得一点都不想动。

教学环境：你不喜欢兴趣班的老师，他太严厉了，动不动就批评你。你总是想，自己已经在认真学了，学得慢又不是自己的错。老师真的太讨厌了。

心理学词语加油站

不只是孩子，大人在做一件事时也会经常出现"三分钟热度"的情况，这在

心理学上被称为"半途效应"。

什么是半途效应?

答:一个人在做一件事时,由于心理因素或环境因素产生放弃行为的一种消极现象。

练习1:判断自己是否真的喜欢这件事

当你想上兴趣班时,你可以这样想:

是不是因为看见身边的人上兴趣班,我才想上兴趣班?

是不是因为爸爸妈妈希望我上兴趣班,我才选择上兴趣班?

兴趣是一个人最好的老师,你只有发自内心地喜欢做一件事,才不会感觉无聊和痛苦。如果只是跟风,你会很容易在遇到困难时退缩,如果只是为了满足爸爸妈妈的期望,你会感到很煎熬。只有真的喜欢,你才会在上兴趣班时感到快乐。

练习2:了解耐心的重要性

当你想要放弃时,你可以这样和自己说:

不要害怕困难,坚持下去,一件事做起来会越来越简单。

任何事都有一个过程,是急不来的。

上兴趣班就像是种一朵花,你在土里埋下一颗种子,每天给它浇水、晒太阳,很多天以后,你才会看见它开出花朵。坚持下去,你就能像自己眼中那些受欢迎的小伙伴,画出一幅好看的画,跳出一支让老师、同学鼓掌的舞蹈。

6. 记不清这是第几次偷拿家里的钱了

心理小故事

田田偷拿了妈妈 100 元钱请同学吃肯德基，田田的大方让他获得了更多同学的好感，每一个人都想和他交朋友，这种感觉让田田有些飘飘然。可回到家后，妈妈发现了自己的钱少了 100 元，就质问田田是不是拿了她的钱，田田一口咬定自己没拿，妈妈也就没再追究。

几天之后，田田又开始偷拿家里的钱，被妈妈抓了个正着。妈妈十分生气，批评田田说："你这么小就开始偷钱，你拿钱去干什么？"田田低着头，什么也不肯说，妈妈只得警告田田，如果再偷拿家里的钱，就把他交给警察叔叔。

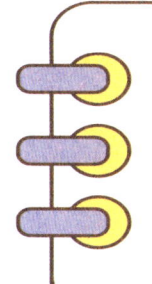

孩子的小小心情

1. 我和你要,你又不给我,那我能怎么办?
2. 被同学追随的感觉真是太好了。

和心理学博士聊聊天

父母的拒绝让你无法满足自己的需求,当你第一次偷拿家里的钱并花光后,就会迷恋上这种轻易地获得快乐的感觉,从而越来越无法控制自己。一般来说,孩子偷拿家里的钱有以下几种原因,看一看你是哪一种?

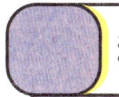 **满足欲望:**你想要某个物品,也许是玩具,也许是零食,无论你怎么哀求,每一次都会遭到父母的拒绝,你就会产生偷钱的想法。如果第一次偷钱没有被抓住,偷钱的想法就会变得频繁且强烈。

情感需要:父母总是忽视你,当你偷钱被抓住后,会被狠狠教训。而这种教训让你渴望被关注的心理得到了满足,你就会频繁偷家里的钱,让父母注意到你。

遭遇勒索:你不想偷拿家里的钱,可有人在放学后和你要钱,不给钱就要挨打。可你缺少一个正当的理由频繁和父母要钱,为了避免挨打,只能自己偷钱。

无意识:你认为父母的钱就是自己的钱,根本不需要和父母打招呼,而且你从来不认为偷拿父母的钱是偷盗。

心理学词语加油站

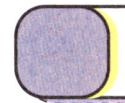

孩子的欲望如果无法得到合理的疏导和教育,会很容易出现"自我中心主义"的倾向。

什么是自我中心主义？

答：是指孩子的判断和行为会受到自己的需要和强烈情绪的影响。一些孩子之所以频繁偷钱，就是因为他们希望自己想要什么就要马上得到。

自我疗愈小练习

练习1：正确理解偷盗行为

当你想偷拿家里钱时，你可以这样想：

偷钱是不对的，我不该背着爸爸妈妈偷拿家里的钱。

电视上的小偷都要被抓起来坐牢，我不想被抓起来。

偷盗是一种让人轻视、瞧不起的行为，你的老师会讨厌你，你的同学、小伙伴会远离你。在别人眼中，你能偷拿自己父母的钱，也有可能会偷拿他们的，没有人会喜欢和一个经常偷钱的人在一起玩。

练习2：和父母讲明需求

当你想要什么东西时，你可以这样说：

妈妈，我真的很喜欢这个玩具。

爸爸妈妈，你们每天能和我玩一会儿吗？你们不理我，我很难过。

爸爸，有人和我要钱，你接我放学吧。

告诉父母你的想法很重要，不管你想要买什么东西，还是希望他们更重视你一点，又或者是被人勒索，都要告诉父母。当父母真正了解你的想法，才能真正帮助到你，你才能更好地成长。

★ 第四章 ★

社交障碍：我没有朋友

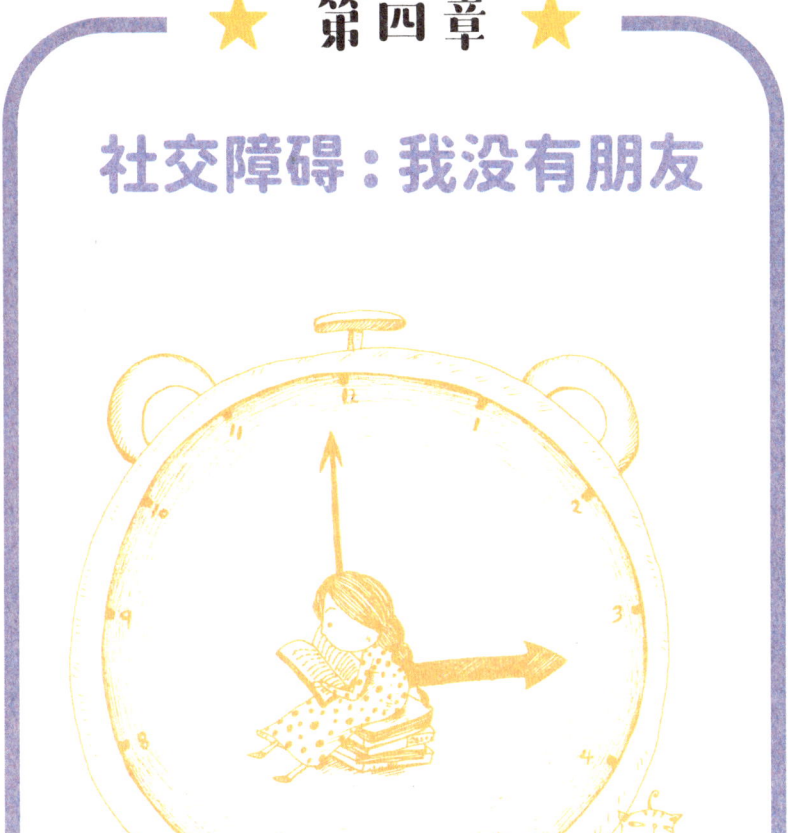

1. 谁也不想理，有什么错吗

　　琳琳总是独来独往，身边没有一个朋友。妈妈经常鼓励她多和班上的同学一起玩，但效果却不太理想。

　　妈妈："琳琳，昨天我看见有同学喊你名字，你为什么都不理人家？"

　　琳琳："不想理。"

　　妈妈："为什么啊？小孩子就应该多交朋友啊。你看人家在一起说说笑笑多开心，你每天总是绷着脸，别人说话也不理，以后谁还会理你啊？"

　　琳琳："我不用他们理我，我也不想和他们交朋友，我们不是一个世界的人。每天听他们说一些乱七八糟的事，烦都烦死了。"

1. 不要烦我，自己玩自己的不好吗？
2. 算了，我也不知道说什么，还是别说话了。
3. 那个人是谁？我不认识她，还是赶紧走吧。

和心理学博士聊聊天

不愿社交并不是一种过错，只不过是你从心里就不认可，或者恐惧这种社交，你才会选择无视他人。一般来说，小孩子不喜欢理人主要有三种原因，你是哪一种呢？

缺乏交往动机：你在独处时很开心，反倒是和其他小朋友在一起聊天、玩耍时不如独处时那样开心。于是，你开始回避、拒绝，甚至无视其他人想和你交往的想法或举动。你希望通过自己的沉默来让对方知难而退，不要再来烦自己。

社交技能不足：你并不排斥和其他人沟通，但很多时候不知道自己应该说什么，其他人在一起聊得很开心，而自己只能看着，这种感觉让你很不舒服。久而久之，你就开始有意识地远离这种环境，即使别人邀请你加入，你也会以沉默来拒绝。

安全感缺失：你很没有安全感，和别人一起聊天和玩耍的方式让你感到十分煎熬，你渴望逃离，想要回到父母的身边，或者一个人待着，这样才能让自己感到安心。

心理学词语加油站

很多孩子随着年龄的增长很容易出现这种不愿理人的情况，属于一种阶段性的心理现象，心理学上称之为"闭锁心理"。

什么是闭锁心理？

答：常见于初入青春期的孩子，随着身体的发育，孩子的独立认知开始增长，对自己的隐私和想法会出现一种无意识的保护，不愿再像以前那样暴露自己，于是就会将自己封闭起来，不愿和人交流。

自我疗愈小练习

练习1：正确认识自己的"冷漠"

当你因不理人而受到指责时，你可以这样想：

我有自己的想法，说不说话是我的自由。

我可以按照自己的原则去交往，去沟通。

当别人指责你的"冷漠"时，不要认为自己是错的，你只不过有自己独立的想法。这种封闭只是暂时的，随着年龄的增长，你对于交往会有一个更高、更深的理解。因此，当你想要主动和其他人沟通时，一定不要因为自己之前的拒绝而退缩，大不了真诚地和其他人道个歉，请求对方的原谅。

练习2：合理处理不喜欢的社交

当有人和你说话时，你可以这样说：

嗨，对不起，我还有些事，回头再聊。

抱歉，我正在想一些事情。

当有人主动和你聊天时，不回应终归是不礼貌的行为，你可以表示自己现在没有时间，委婉地拒绝对方，以免让对方失去好感，损害自己在同学中的形象。

2. 特别在意别人在背后是怎么看我的

熊熊最近变得越来越挑剔了，每天早上穿衣服都要挑很久，曾经很喜欢的衣服突然就不喜欢了。妈妈在追问之下才知道因为班上有同学说熊熊穿的衣服不好看。

熊熊说："我听见他们偷偷说只有女孩子才穿粉色的衣服，我如果穿就是小娘娘腔，我才不要是娘娘腔。"

妈妈："不会呀，男孩子也可以穿粉色的啊。"

熊熊："我不要，不要给我穿粉色的衣服了。"

孩子的小小心情

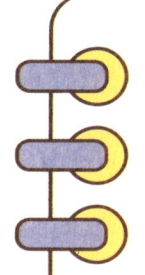

1. 他们为什么这么说，是我做错了吗？
2. 为什么要这样说我，我真的很差吗？
3. 他为什么皱眉，是不是生我气了？

和心理学博士聊聊天

当你听见别人在背后评价你，你是不是会变得紧张，担心自己不被他们喜欢？你知道你为什么会这样想吗？

缺乏自我认知： 你弄不清自己是什么样的人，当有人说你是好孩子时，你就会认为自己是好孩子，当有人说你是坏孩子时，你就会认为自己是坏孩子。因此，你格外在意别人对自己的评价，当别人说自己哪里不好时，你就会主动改掉。

自卑： 你的内心十分敏感，渴望得到别人的肯定，当听到有人称赞自己时会开心，否定自己时会难过。

同理心过强： 你很在意别人，对身边人说的话、情绪变化都很敏感，从而很容易受到别人的影响，陷入自我怀疑中。你希望自己不会给别人带来不好的印象，因此，你很关注其他人在背后如何评价自己。

心理学词语加油站

如果你长时间处于对别人的评价敏感的状态，很可能就是"自我意识过剩"。

什么是自我意识过剩?

答:简单来说,就是太拿自己当回事。格外关注别人对自己的评价,其实有时候别人只是随便说说,转头就忘,而你却会记很长时间。

练习1:正确地认识评价

当你因为别人的评价而感到苦恼时,你可以这样想:

别人说的只是他们眼中的我,不是真的我。

每个人都有自己的看法,我不可能让所有人都满意。

你要知道,任何评价都具有主观性,别人口中的你只是你在他们眼中的样子,而不是你真正的样子。就像一个十分讨厌你的人在背后说你懒,只不过是他讨厌你才会说你坏话,你本身并不懒。因此,不要轻易用别人的评价来审视自己、否定自己,要正确地认识别人的评价。

练习2:和父母沟通

当你不理解别人为什么那样说你时,你可以这样问问父母:

爸爸,有人说我很丑,我真的很丑吗?

妈妈,他们为什么说我很笨?

父母的评价也是主观的,甚至是安慰性的,可你只要将你的疑惑告诉他们,他们都会给你提供解释,这些会有助于帮助你正确地认识自己。

3. 表面上恭喜别人，
实际上内心嫉妒得要命

心理小故事

媛媛在班级里一直是被公认的跳舞跳得最好的人，直到班里来了一个新同学。从此，每次训练被老师表扬的就变成了这个新来的女生，老师还经常让她单独为同学们展示，同学们也都忍不住夸赞她，媛媛心里很不是滋味。

有一天，老师在班上宣布，决定将舞蹈比赛的推荐资格给这位新同学，同学们纷纷为她鼓掌，表示祝贺。虽然媛媛表面上和同学们一样在恭喜她，可心里却想："有什么了不起的，不就是比我跳得好一点嘛，参赛也拿不了奖。"

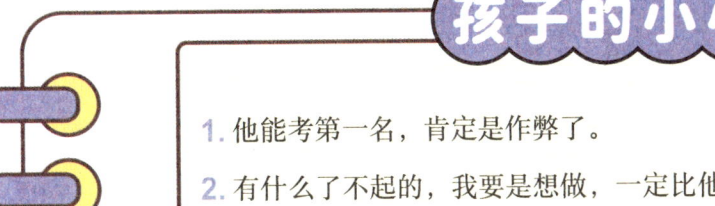

孩子的小小心情

1. 他能考第一名，肯定是作弊了。

2. 有什么了不起的，我要是想做，一定比他强多了。

3. 穿了一双名牌鞋，值得到处炫耀吗?

和心理学博士聊聊天

　　你的嫉妒是由内心的落差感产生的，当你渴望得到却还没有得到的东西，被同龄人率先得到，你就容易嫉妒他。一般来说，足以触动你的内心，引起嫉妒心理的原因有四种。

父母的偏爱： 你十分在意父母的关心和疼爱，当父母将关爱偏向年幼的弟弟妹妹，你就会认为他们夺走了本该属于自己的爱，就会嫉妒他们。或者父母没时间陪伴你，当你看见或听说别人有父母陪伴时，你就会羡慕他、嫉妒他。

没有得到赞美： 你希望得到认可和称赞，当身边的同龄人被称赞时，你就会想，为什么被称赞的人不是自己，自己又不比他差。

别人有而自己没有： 你喜欢新玩具、新衣服，但父母一直无法满足你。当身边有一个经常穿着新衣服和大家分享新玩具的人，你就会很嫉妒他为什么想要什么就有什么。

努力也无法超越别人： 你经常被拿来和别人比较，这使你十分在意彼此能力的强弱，当你无论如何努力都无法赶超对方的话，你就会嫉妒他为什么那么优秀。

心理学词语加油站

当你经常因自己与别人的差距而烦恼，就会很容易出现"酸葡萄效应"。

什么是酸葡萄效应？

答：当自己真正的需求无法得到满足，并因此产生挫败感时，为了消除内心的不安、嫉妒，就会寻找一些借口来自我安慰。比如，当一个人因学习成绩进步被老师表扬时，你就会想，"我就是不愿努力，如果我努力起来一定比他优秀得多"，这就是典型的酸葡萄效应。

自我疗愈小练习

练习 1：学着认可别人，认可自己

当有人在某方面比你强时，你可以这样想：

他做得真的很棒，我确实比不上他。

他很优秀，比我强，但并不代表我很差。

嫉妒是一种认知错误，当对方比你强时，你会认为是他抢走了本该属于你的东西，从而心生怨恨。可实际上，那些东西本就是对方用实力赢得的，不存在抢夺关系。任何人的成绩都需要被尊重，当你获得成绩时别人会尊重你，你也要懂得尊重别人。对方的优秀要认可，自己的价值也要认可，双方的差距更要认可。

练习 2：化"嫉妒"为动力

当你因羡慕别人的成绩而烦恼时，你可以这样做：

他赢过我没关系，我继续努力，下次赢回来就好。

我不会因他们比我强就讨厌他们，他们能做到的我也一定会做到。

所有东西都是靠努力争取过来的，既然你羡慕对方获得的东西，就不妨通过努力争取到自己想要的，满足自己的内心，让"嫉妒"成为你不断进步的动力。

4. 被同学孤立，没人愿意理自己

丁丁最近总是不愿去上学，一开始妈妈以为他只是不习惯学校的环境，过一段时间就会没事了。谁知道丁丁每天放学回来都不太高兴，妈妈以为丁丁在学校受了欺负，但无论妈妈怎么问，丁丁就是不说。

直到有一天，妈妈发现其他孩子都是和小伙伴一起出校门，只有丁丁是一个人，也没有人和他打招呼，显得格外孤独。最后，在妈妈的追问之下，丁丁才说出了实情。丁丁说："不知道为什么，所有人突然就不喜欢我了，没有人愿意和我说话，也没有人愿意和我玩。"

孩子的小小心情

1. 为什么所有人都不愿理我，我做错了什么？
2. 不理就不理，我还不愿搭理你们呢。
3. 我不想和他们一起上学了。

和心理学博士聊聊天

当你在班级中被所有同学孤立，你就会慢慢产生不自信、焦虑等情绪，对自己的人际交往能力产生影响。你知道你为什么会被同学们孤立吗？

脾气暴躁： 你很爱发脾气，不管大事小事，只要让你感到不舒服，你就要将自己不满的情绪发泄出来。虽然你的本意只是想表达自己很生气，可你说的话、你的行为都会深深刺痛别人，让他们不敢再与你亲近。

自私自利： 你凡事只关心自己，不在乎其他人的感受，遇到难事就让别人做，分好处的时候却跑在前头，不愿付出，只想索取。没有人愿意和自私的人交朋友。

矫情任性： 你特别蛮横、不讲理，遇事怪这个怪那个，从来不从自己身上找原因，显得十分矫情，让其他人不愿和你交朋友。

心理学词语加油站

当你被一个小团队孤立后，你会发现孤立你的人越来越多，即使原本和你关系还不错的人也开始孤立你。这就是心理学上的"旁观者效应"。

什么是旁观者效应?

答：如果团队共同完成一项任务，该团队中的每一个人在面对困难时都会退缩，希望别人承担责任。当你被大多数人孤立时，少部分人也就不敢再站在你这边了。

自我疗愈小练习

练习1：发现自己的缺点

当你被同学孤立之后，你可以这样想：

会不会是我哪里让人讨厌了？

是我脾气太差了吗？

整个班级的同学几乎不可能主动去孤立某一个同学，如果你被孤立了，一般都是由自身的某种原因导致的。如果你能够意识到自己不讨喜的缺点，并加以改正，就会很容易摆脱被孤立。你也可以将和同学相处的每一件事都细细讲给父母听，让他们帮你做判断。

练习2：积极和同学们沟通

当你感觉被同学们孤立时，你可以这样主动问他们：

你们为什么不愿和我玩？

是不是我总是发脾气，你们才不愿理我的？

有时候，也可以直接向同学们询问他们讨厌自己哪一点。其实，孩子并没有太多的坏心思，只不过和你相处起来让他们感觉很不舒服，你主动询问，并对已经伤害过的同学道歉，改正自己的缺点，他们还是很乐意和你一起玩耍的。

5. 不想道歉，太丢人了

　　龙龙和邻居小朋友打起来了，龙龙妈妈看见后立刻拉开了两个孩子，并要求龙龙给小朋友道歉。龙龙说："妈妈，是他先打的我。"

　　妈妈："不管谁先动的手，打人就是不对的，和人家道歉。"

　　龙龙："我不，凭什么要我和他道歉，他应该和我道歉。"

　　随着人越聚越多，龙龙越来越激动。

　　妈妈："听妈妈话，给小朋友道歉。"

　　龙龙："我就不，我为什么要道歉？！是他先打的我，我才还手的，我不道歉！"

孩子的小小心情

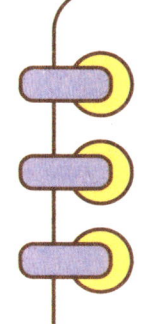

1. 为什么要我道歉？又不是我的错。

2. 这么多人看着我，道歉多丢人。

3. 只要不道歉，就不是我的错。

和心理学博士聊聊天

你在成长的过程中，难免有犯错的时候，可道不道歉让你感到很纠结，你有时候是不是有以下这样的想法？

自己没错：对于一件事，你有自己的判断标准，有时候大人认为错的事情，你认为自己没错，自然不愿接受道歉的要求。就像打人本身就是一件不对的事情，可在你看来是对方先动的手，自己还手就没有错。

碍于面子：你认为道歉就是认输，会让你丢了面子，尤其是当着很多人的情况下，你不想受到他们的指责和轻视，想要保护自己的自尊心。

道歉等于认错：你害怕一旦向别人道歉，就等于承认了是自己的问题，你也就成了所有人眼中的坏孩子，就没有人喜欢自己了。你不肯道歉是想维护自己在其他人心中的形象。

逃避：你担心受到责罚，如果自己不道歉，也许父母就不会认为是你的错，或许能逃过一劫。

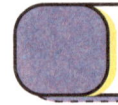

心理学词语加油站

你不愿道歉，主要是担心自己的形象受损，这种担心源自内心的"自我防御机制"。

什么是自我防御机制？

答：是一种保护自我的无意识行为。你认为道歉就是承认错误，会影响自己的声誉以及在其他人心中的形象，因此，才会拒绝道歉。

自我疗愈小练习

练习1：明辨是非

当你不清楚自己有没有做错时，可以这样问问父母：

妈妈，我真的错了吗？

爸爸，你为什么说我做错了？

很多事情的判定并不是非黑即白，你对是非的判断能力有限，还是要借助父母的帮助，让父母告诉你自己究竟错在哪里，以及自己所犯错误的后果和严重性。如果你能真正理解某一件事的影响，道歉就是一件自己真心想做的事。

练习2：明确道歉的重要性

当你被要求道歉时，可以这样想：

如果我主动道歉，别人会认为我大度。

我是一个负责任的好孩子，道歉也没什么大不了的。

道歉可以体现一个人的修养和品德，同时，道歉并不意味着你就是错的，也不是一件丢人的事。不管是大人还是孩子，在犯错之后都需要道歉，知错就改，别人不仅不会看不起你，反而会称赞你。

6. 讨厌别人给我取绰号，却不敢反击

天天很不开心，因为班上同学给他取了一个"猴子"的外号，就因为他长得又黑又瘦，个子也不高。自从第一个同学叫他"猴子"之后，所有的同学看见他都喊"猴子"，有时候他们还会聚在一起笑话他。天天很伤心，每天都躲着同学们，害怕他们看见他又喊他"猴子"。

1. 我是长得胖，可你怎么能这样说我?

2. 你才是猴子，你懂不懂尊重人啊?

3. 为什么所有人都在笑我，我做错了什么?

和心理学博士聊聊天

互相取外号是孩子之间经常做的一件事，但绝大多数人都不喜欢被人取外号，你知道是为什么吗?

被戳痛处： 你一直因为身体上的某种缺陷或不足受到别人的嘲笑，比如，腿瘸、个子矮、长得胖等，你内心十分敏感与自己缺陷相关的词语，不想被歧视、被嘲笑，但这类外号就像帽子一样被别人戴在你的头上，时刻被所有人注意。你会感到委屈，埋怨自己为什么长成这个样子，甚至因此变得孤僻，不愿再和其他人交往。

感觉被侮辱： 你认为自己有名字，而且自己也不像他们取的外号一样，是猴子，是猪，可他们却偏偏一直这么称呼你。你感觉自己不被尊重，受到了侮辱。

总是被取笑： 你并不反感自己的外号，而是反感那些看见你就高声大叫你的外号，引来一堆人哄笑的人。你不知道他们为什么会笑，但这种笑让你感到很不舒服，就像是有人说你是笨蛋，然后所有人会一起嘲笑你的感觉一样。

心理学词语加油站

很多人认为取外号并不是一件过分的事，但是取外号属于一种歧视行为，在心理学上被称为"微歧视"。

什么是微歧视？

答：是指不易被人察觉的歧视行为，很多人根本注意不到自己带有偏见的言行，或冒犯了别人，但这种行为会让人十分不舒服。

自我疗愈小练习

练习1：正确看待外号

当你被别人取了不喜欢的外号时，你可以这样想：

外号其实和我的学号一样，都是代替名字的一种称呼。

无所谓，嘴巴长在别人脸上，想叫什么就叫什么吧。

不管别人给你取什么样的外号，关键还是在于你如何看待被起外号这件事。如果你对外号保持一种无所谓的心态，那任何外号都将会变成一种称呼，就像爸爸妈妈叫你宝宝，爷爷奶奶叫你大孙子一样，没有区别。同时，如果你接纳你的外号，那些想要取笑你的人就会觉得没意思，从而放弃起哄的想法。

练习2：表明自己的态度

当你被别人取外号时，你可以这样说：

我有名字，如果你想叫我可以喊我的名字，我不喜欢你这样叫我。

坏孩子才会给人起外号，你要做坏孩子吗？

当你第一次被叫外号时，你要坚定地回绝对方，让他们知道你不喜欢被叫外号，而不是默默接受。一旦你选择忍气吞声，他们会越来越过分。

练习 3：寻求老师或父母的帮助

当有人执意给你起外号时，你可以这样说：

我不喜欢，如果你要给我起外号，我就将这件事告诉老师。

我会告诉爸爸妈妈。

当你表明自己的态度后，对方仍然给你起外号，你就可以将这件事告诉老师或父母，他们会很好地处理这件事。尤其是一些让你感到委屈、难过的外号，千万不要忍受，要积极寻求老师和父母的帮助。

★ 第五章 ★

自卑：我感觉自己很差劲

1. 被妈妈骂笨蛋，觉得自己很没用

心理小故事

明明是一个活泼好动的孩子，上课时也坐不住，每天老师讲的内容总是理解得不透彻，这可愁坏了晚上辅导功课的明明妈妈。明明有时候连一些简单的计算题都做不对，这让妈妈经常朝他发火：

"你可真笨，好好看一看，这道题昨天刚做的，今天又不会！"

"真是气死我了，5加7都不知道等于几，你可真是个猪脑子！"

"考试又没及格，我怎么生了你这么个笨蛋！"

明明每次被骂后都很沮丧，低着头不敢看妈妈，也不敢说话。渐渐地，明明变得越来越内向，什么事情都不愿意做，也不喜欢和小朋友玩耍了。

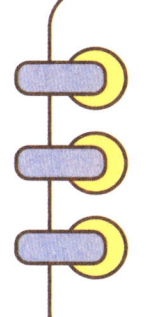

孩子的小小心情

1. 妈妈，你不要骂我了，我也想做对，可我真的不会做。

2. 我真的很没用，我就是一个笨蛋。

3. 对，我是笨蛋，笨蛋也是你们生的。

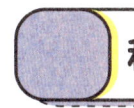

和心理学博士聊聊天

爸爸妈妈一直骂你笨这件事，并不重要，重要的是你如何看待爸爸妈妈口中的"笨"。而不同的孩子面对责骂会出现不同的心理，你又是哪一种呢？

自卑： 你认为爸爸妈妈说得对，你就是一个笨蛋。无论做什么事情，你都无法相信自己，更没有胆量一个人解决问题。你没有自己的想法，喜欢听从别人的指令做事。

逆反： 你不关心事情的对与错，只知道爸爸妈妈的责骂让你很没面子。他们让你往左走，你偏要向右，就想和他们对着干。

暴躁： 如果经常遭到责骂，你会误以为责骂是一种正常的沟通方式，你的性格会变得暴躁，在说话做事上都充满了攻击性。

孤僻： 你习惯了爸爸妈妈的大吼大叫，你知道争辩只会招来更多的责骂，只有装作听不见才会让自己好受一些。你变得越来越不爱说话，尤其不喜欢和爸爸妈妈说话。

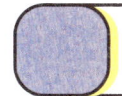

心理学词语加油站

"笨蛋""傻瓜""猪脑子"等也许只是父母图一时口快，但会对孩子的心理造成潜移默化的影响，这就是"暗示效应"。

什么是暗示效应？

答：暗示效应是指在无对抗的条件下，用含蓄、抽象诱导的间接方法对人们的心理和行为产生影响。

练习1：认识爸爸妈妈的"骂"

当你被爸爸妈妈喊笨蛋时，你可以这样想：

爸爸妈妈只是在生气。

我并不是很笨。

爸爸妈妈口中的"笨蛋""傻瓜"只是一种表示生气的词语，就像你开心的时候会笑，难过的时候会哭一样，都是表达情绪的方式。实际上，你并不是很笨，甚至还很聪明，千万不要因为爸爸妈妈说你是笨蛋，就误以为自己真是一个笨蛋。

练习2：用"成就薄"记录自己的成就

准备一个笔记本，记录自己优秀的一面：

今天晚上睡得很早。

学习成绩有进步。

帮助妈妈清扫屋子。

孩子经常被骂"笨蛋"，就会认为自己是笨蛋，也会变得笨手笨脚；反之，如果孩子经常被夸聪明，那他就会变得聪明。你可以通过做一些事来不断告诉自己，你是最聪明的，是最优秀的。

2. 因为是女孩，不招家人喜欢

　　周周出生在一个重男轻女的家庭，虽然家里人从来都不当面和周周说，但周周也能感觉到他们不喜欢自己。所有人都偏心自己的弟弟，奶奶会偷偷给他零花钱，爸爸会给他买很多他喜欢的玩具，妈妈也会在下班时给他买一个冰激凌回家。妈妈总是和周周说：

　　"他还小，你都这么大了，还吃什么冰激凌。"

　　"要什么新衣服，你又不是没衣服穿，瞎打扮什么，净和别人学一些不好的东西。"

　　"上什么补习班，你长大了也是嫁人，考得上就上，考不上就去打工，别给我浪费钱。"

　　这些话周周听了无数遍，她不明白都是爸爸妈妈的孩子，难道就因为自己是女孩，所有人都不喜欢自己吗？

孩子的小小心情

1. 我也是你们的孩子，你们凭什么只在意他？

2. 我好想快点长大，离开这个家。

3. 为什么这样对我，我到底哪里不好？

和心理学博士聊聊天

身为女孩的你并没有错，错的是那些拥有重男轻女思想的大人。但是，家庭环境对你造成的伤害无法忽略，你需要警惕自己是不是出现了以下几种不良的心理。

自卑： 亲人对你的漠视让你无法正确认识自己，这种轻视和偏见会让你变得敏感且脆弱，做什么事都会小心翼翼，生怕受到别人的指责，没有勇气去接触新事物、新朋友。

缺乏安全感： 亲人所有的关爱都给了家里的男孩子，你从来都没有身后有依靠的感觉，受到欺负也得不到援助，只能忍耐。你从不轻易相信一个人，你害怕他会伤害自己。

没有主见： 你的意见从没得到过重视，更没有人考虑你的感受，你不知道什么才是合理，什么才是错误，你开始恐惧，甚至逃避做决定，变成了一个没有主见的人。

强势： 你渴望得到重视，希望成为每一段关系的掌握者，你经常用自己的强势来满足自己对被重视的需求，却变得越来越招人讨厌。

在明显缺乏关爱的家庭中成长，女孩子很容易患上"恐惧型依恋关系"和"黏滞型依恋关系"两种心理障碍。

什么是恐惧型依恋关系？什么又是黏滞型依恋关系？

答：恐惧型依恋关系，是指一个人对亲情、友情、爱情渴望且恐惧，因担心得不到对方的真心相待而放弃，从而经常错过很多对自己而言很重要的人；黏滞型依恋关系，是指一个人在一段感情中过分依赖对方，需要时刻了解对方的动向才能让自己安心。

练习1：正确看待家人的偏爱行为

当家人偏心时，你可以这样想：

家人重男轻女的思想有问题，而不是我不够好。

我要变得强大起来，不必在乎家人的漠视和偏见。

出生在一个重男轻女的家庭，不是你的错，你同样值得被爱、被喜欢。千万不要放弃自己，总有一天，你会遇到那些关心、爱护你的人。

练习2：树立正确的自我意识

当你因家人偏心而难过时，你可以这样对自己说：

只要我去努力，迟早会拥有自己想要的一切。

我也很优秀，不比别人差。

在与弟弟的竞争中一直处于劣势，无法得到应有的重视，这并不是你的表现不够好，比不上弟弟，而是身为裁判的父母的偏心导致的。你同样有实力去争取自己喜欢的事物，千万不要怀疑自己，缩手缩脚。

3. 总被拿来和表哥比，觉得自己很差劲

高高最近很烦恼，自从妈妈听说了自己表哥的事，经常和自己念叨，还指责自己不争气，给她丢脸：

"你表哥期末考试又考了满分，你再看看你……"

"你说你什么也不会，你看看你表哥又参加钢琴比赛去了。"

"每天就知道乱跑，你看看你表哥都知道帮忙做一做家务了。"

高高感觉自己一直活在表哥的阴影里，在妈妈眼中，表哥就是个十全十美的好孩子，学习好，又会弹琴，还能帮舅妈做家务，而自己处处都不能让妈妈满意。

1. 我已经很努力了，可总是超不过表哥，我有什么办法？

2. 好好好，既然你这么喜欢他，干脆让他做你儿子吧。

3. 是我的错，是我让你们丢了面子。

和心理学博士聊聊天

你经常被爸爸妈妈拿来和"别人家的孩子"对比，感觉处处不如别人，在爸爸妈妈眼中，不管你取得什么样的成绩，总有一个人比自己优秀、懂事。爸爸妈妈一厢情愿的激励式教育让你很焦虑，从而导致你出现了很多错误的心理倾向。

格外在意别人的评价：你十分看重别人对自己的评价，只有在别人肯定你的时候，你才能认可自己。一旦有人对你做出不好的评价，你就会很难过，并会习惯性地根据对方的评价来改变自己。

渴望证明自己：你总是想要证明自己，不管大事还是小事都要维护自己的正确性，变得十分固执。有时候即使知道别人的意见是正确的，也不愿在表面上输了气势，总要和对方争执一番。

自卑：爸爸妈妈长期的否定让你觉得自己是一个什么也比不上别人的人，这种自我意识不断加深，你会变得越来越自卑，缺乏勇气，时刻担心自己又受到爸爸妈妈的责备。

负罪感：你认为是你的不争气让爸爸妈妈丢了面子，内心变得十分焦虑，对任何关于与别人比较的话都很敏感，甚至有人提到别人的孩子很优秀，你也会感到失落。

心理学词语加油站

千万不要对别人眼中的自己念念不忘，否则你会很容易陷入"罗森塔尔效应"。

什么是罗森塔尔效应？

答：是一种心理暗示，当一个人被传递积极的期望，那他就会进步得很快；反之，如果他被传递消极的期望，就容易自暴自弃。

自我疗愈小练习

练习1：主动认可自己

当父母又拿你和别人做比较时，你可以这样说：

他会弹钢琴，但我学习成绩好啊。

我又进步了，我觉得自己做得很不错了。

你之所以在和"别人家的孩子"比较时，次次都落于下风，是因为爸爸妈妈总是拿你的短处和他们的长处比，而并不是你处处都不如他们。你可以发现自己的长处，加深对自己的认可，找回丢失的自信。

练习2：课题分离理论

当听到父母夸赞别人时，你可以这样想：

他钢琴弹得好很正常，我又不会弹钢琴。

他能帮妈妈做家务是因为他有时间，可我没有时间。

爸爸妈妈的很多比较都缺乏客观性，因此，你不必太过在意，将自己和别人分离开就好，处在属于自己的环境中，就能发现问题所在。就像妈妈说："你看人家钢琴弹得多好，再看看你。"可是，他钢琴弹得好是因为他会弹钢琴，不会弹琴的你，又何必为了和他比谁琴弹得好而烦恼呢？

4. 妈妈总说家里穷，我为此很自卑

圆圆放学回家后问了妈妈一个问题："妈妈，我们班上的很多同学都说家里很有钱，想买什么就买什么，咱们家有钱吗？"

妈妈："咱们家很穷，没有钱，你要好好学习，对得起爸爸妈妈送你上学花的钱。"

圆圆："可是妈妈我真的想要一个新书包，这个书包我背了好久了。"

妈妈："家里没有钱，你看看妈妈一直都没买新衣服，你不要和同学比花钱，要比学习知道吗？"

妈妈的话让圆圆十分伤心，每次自己想买什么东西，妈妈都会说没钱，这让圆圆再也不敢和妈妈提要求了。

孩子的小小心情

1. 为什么他们都能背新书包？我也想要。

2. 我家里这么穷，同学们会不会看不起我？

3. 这是我的，不许碰。

和心理学博士聊聊天

爸爸妈妈经常给你灌输"家里没钱"的思想，且长期得不到经济支持，你对生活和金钱的理解就会变得过于片面，心理也会随之发生变化，养成不好的性格。看一看，你是不是经常有这种想法。

自卑：你理解爸爸妈妈的辛苦，但也会因此感受到更多的压力和愧疚，开始控制自己的欲望，任何花钱的想法都不敢有，也不敢和爸爸妈妈提要求，变得越来越敏感和自卑。每次和那些背着新书包、穿着新衣服的同学站在一起时，你会感觉很丢人。

小气：你特别在意用钱买来的东西，认为它们来之不易，自己要好好珍惜。因此，自己的零食从不分给小伙伴、玩具不许其他人碰、衣服不让别人穿，你变得越来越吝啬、小气，小伙伴们都不喜欢和你玩。

缺乏安全感：你开始恐慌，会不自觉地担心自己是不是明天就吃不上饭，上不起学，买不起铅笔。虽然一切都在正常进行，但你还是忍不住担忧，每天心烦意乱。

目光短浅：家里贫穷的想法让你过度在意金钱和物质，根本看不到更远的东西，比如面对一本参考书，别人看到的是有助于提升成绩，而你则认为它会花掉自己的钱，从而不愿购买。

心理学词语加油站

爸爸妈妈经常说家里穷，小孩子就会受到"稀缺效应"的影响，提高钱在他内心的分量，从而树立错误的金钱观。

什么是稀缺效应？

答：是指当一件商品数量越来越少，消费者购买该商品的欲望就更强烈的现象。而实际上商品还是那件商品，它的价值并不会因数量减少而提高。

自我疗愈小练习

练习1：正确理解父母的深意

当听到父母的解释后，你可以这样想：

我家里并不像爸爸妈妈说的那样穷。

爸爸妈妈只是想让我养成勤俭节约的好习惯。

任何父母都不会不愿给孩子花钱，只不过他们不想让你养成花钱大手大脚的习惯。如果你真的有花钱的想法，就不妨告诉爸爸妈妈，让他们判断这种钱该不该花，但不要经常提一些无理的要求。

练习2：树立正确的金钱观

面对金钱，你应该这样想：

变得强大比有钱更重要。

我做什么事不能第一时间都考虑钱。

如果你的思想被父母口中的"贫穷"所影响，那你会将更多的注意力放在金钱上，买东西要看是不是便宜，而不是是否适合你，久而久之，你就会变成金钱的奴隶。

5. 觉得自己长得不好看，很自卑

心理小故事

妮妮的学校将举办一场节日演出，老师会选择一位女孩子扮演公主。妮妮和很多女孩子一样，主动报名参加，可一些男孩子看见妮妮报名后，开始大声地嘲笑她：

"你长得这么丑怎么扮公主？"

"老师说公主是很漂亮的，你不是。"

"你不是公主，你是大灰狼，哈哈。"

妮妮听到这些话，十分伤心，一个人躲起来哭鼻子。等妮妮看到老师选出的"公主"后更加伤心，她开始相信那些人说的话，自己就是长得很丑。从这以后，妮妮也不爱和同学玩了，经常一个人发呆。

孩子的小小心情

1. 为什么我长得这么丑啊？

2. 所有人都嘲笑我，我不想去上学了。

3. 你看，他们长得多好看，就是和我不一样。

和心理学博士聊聊天

随着年龄的增长，你开始对美丑有一定的认识，但这种认识往往只是建立在大众评价上，很容易出现偏差。事实上，你关于容貌的焦虑大多是来自不成熟的心理认知，不必为之烦恼。你是不是经常产生以下这样的怀疑？

别人的嘲笑：你被很多同学嘲笑皮肤黑、长得丑，同学们的不认同让你很是失落，你开始怀疑自己是不是真的很丑，并为此感到焦虑和自卑。

父母的玩笑：父母是你最信任的人，当你听见父母亲口说自己胖，说自己丑时，你会确信自己真的很丑，否定自己，丝毫不关心父母是不是在开玩笑。

对比的落差：你身边的人经常被人夸赞长得漂亮，而站在旁边的你经常被他们无视，这种反差会让你仔细对比两个人的容貌和穿着，最终得出自己长得丑的结论。

 **心理学词语加油站**

如果你长期认为自己长得丑，很可能会患上"躯体变形障碍症"。

什么是躯体变形障碍症？

答：一个人的身体、外表并没有缺陷或只有一点点缺陷，他会想象自己的缺陷很大，从而变得自卑、痛苦。这种情况常见于青春期的孩子。

自我疗愈小练习

练习1：正确理解外界的评价

当听见别人评价自己时，你可以这样想：

别人说我丑，并不代表我丑，可能是他们的审美有问题。

我还没有长大，以后我会变美的。

每个人都有属于自己的美，别人说你长得丑，只不过是他们欣赏不到你的美，而并不是你不美。就像你喜欢吃苹果，你就会认为苹果是最好的水果，而有人不喜欢吃苹果，就会认为苹果是最难吃的水果一样。而且，你现在仍处于发育的年纪，你的容貌、体型还会变化，等你长大之后，就会看到自己的美。

练习2：一个人的美不止一种

当你认为自己不好看时，你可以这样想：

眼睛大是美，眼睛细长也是美。

自信的人不管长什么样都是最美的。

世界上没有完美的身体和容貌，也许你长得很普通，但你一定是独一无二的，这就是你的美。而且，美也不只是停留在容貌上，一个人的聪明、勇敢、善良、健康都是美。千万不要因为别人的一句话而烦恼。

6. 上课没听懂，不好意思跟老师说

　　明明是一个很害羞的孩子，平时不怎么敢和老师说话，就连回答老师问题时，也支支吾吾，半天才能把话说清楚。

　　有一次，明明听完老师讲的内容后，感觉自己没有听懂，又不好意思问老师，所有人都在写作业，只有明明在座位上低着头不知道在想什么。老师发现后问他："明明，为什么不写作业啊？"见明明不说话，老师又问："是不是老师刚才讲的没有听懂？"明明点了点头。老师很无奈，又小声地给明明讲了一遍。

　　虽然老师十分照顾明明，有时候还主动为他解答，可明明遇到问题后总是什么也不说，这让明明的父母和老师很头疼。

孩子的小小心情

1. 完了，我没有听懂，我要不要问老师呢？老师不会批评我吧？

2. 如果同学看见我问老师问题，会不会笑话我笨啊？算了，还是不问了。

3. 老师太严格了，我不敢和他说话。

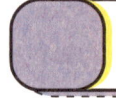

和心理学博士聊聊天

当你在课堂上没听懂时，你不是不想问老师，更多的是不敢，你的各种担忧促使你不好意思和老师讲。造成这种情况的原因有以下几种，看看你是属于哪种。

刻板印象： 老师的严厉给你留下了深刻的印象，当你面对老师时会生出一种莫名的恐惧感，这种感觉让你很不舒服，所以你会对向老师请教的事情感到抗拒。

性格内敛： 你十分害羞，总爱胡思乱想，你害怕自己去向老师请教，会被老师认为上课没有认真听讲，从而受到老师的批评。但作业做不对也会受到批评，于是，你感到很委屈却又不知道怎么办。

虚荣心： 你认为上课没有听懂是笨的表现，你担心如果自己向老师请教，会被老师和班上的同学嫌弃或嘲笑。你宁愿自己不懂，也不要在班上丢了面子。

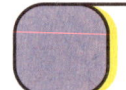

心理学词语加油站

当你遇见了一个特别严厉的老师，会下意识地认为所有的老师都是严厉的，不好说话的。这就是"刻板印象"。

什么是刻板印象?

答：指的是人们对某一个事物形成了固定的看法，这种看法就会针对同一类的所有事物推而广之，而忽视个体差异。

练习1：正确看待老师的严厉

当你畏惧老师时，你可以这样想：

老师不讨厌我，只是想让我知道自己的错误。

老师很好相处的，那天我们还一起唱了歌。

老师和爸爸妈妈一样，都是你成长过程中的领路人。爸爸妈妈也严厉地批评过你，但你却不会因害怕而不愿和爸爸妈妈说话，这是因为除了批评，爸爸妈妈在生活中还很关心你、爱护你。其实，老师也是如此，你不妨多想一想和老师愉快相处的片段，就不会畏惧老师了。

练习2：正确认识请教

当你想要问问题时，你可以这样想：

妈妈告诉过我，不懂就要问。

老师不会因为请教而嫌弃我，反而还会表扬我热爱学习。

向人请教从来就不是一件丢人的事，它恰恰表现了一个人的好学。没有人会讨厌一个好学的人，老师不会，爸爸妈妈也不会，他们反而会因为你主动请教问题而感到欣慰，对你加以鼓励和称赞。当你遇到不懂的问题，可以大方地向老师请教，他会十分乐意为你解答问题。

7. 妈妈总是偏心妹妹，是不是不喜欢我

心理小故事

　　蓉蓉有一个妹妹，从小妹妹就备受父母宠爱，不管是好看的衣服，还是好吃的零食，什么都先紧着妹妹。妈妈总是和蓉蓉说："妹妹还小，不懂事，你要懂得让着妹妹。"为此，蓉蓉心里一直很别扭。

　　有一次，蓉蓉回家看见爸爸妈妈给妹妹买了很多漂亮的衣服，花了几千块钱。蓉蓉跟爸爸说："爸爸，我也想买几件新衣服，我这些衣服都穿了好久了。"

　　不等爸爸说话，妈妈就教训她："要什么新衣服，你又不是没衣服穿。"

　　蓉蓉："为什么可以给妹妹买这么多衣服，我要一件都不行？"

　　妈妈："她才多大，正是瞎臭美的年纪，她不懂事，你也不懂事？"

　　最后，爸爸妈妈实在没办法，只得给了蓉蓉几百块钱，还嘱咐她要买一些结实、耐穿的衣服。

孩子的小小心情

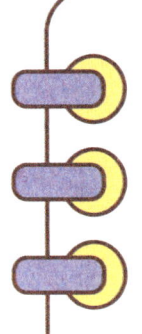

1. 我们都是爸爸妈妈的孩子，为什么总是偏心她？爸爸妈妈是不是不喜欢我？
2. 凭什么她要什么都给，我却不行，凭什么啊？
3. 我是个没人喜欢的孩子。

和心理学博士聊聊天

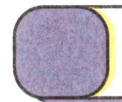

身为姐姐哥哥，你遭遇了父母的区别对待，这是生活中很常见的一个现象。对于孩子，父母不可能一碗水端平，可能他们更希望年长的你能够为弟弟妹妹树立榜样。但即便如此，你也会感到不满，甚至会出现以下几种想法。

恐惧： 父母的偏心让你很没有安全感，你经常担心会不会有一天父母会抛弃自己，和弟弟妹妹一起生活。这种恐惧让你越来越胆小，不敢再惹父母不开心。

讨好： 你渴望从弟弟妹妹身上夺回父母的关注，你开始事事顺从父母的意愿，尽自己全力做一个父母眼中的乖孩子，以至于形成讨好型人格。

悲观： 你认为父母之所以偏心，一定是因为自己有地方没做好，才会让父母讨厌。于是，你开始变得越来越自卑，认为自己一无是处。

心理学词语加油站

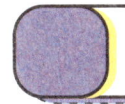

当你一直沉浸在不被偏爱的认知中，就容易缺乏被他人偏爱的底气，甚至出现"自我厌恶型人格"。

什么是自我厌恶型人格?

答:认为自己很不好,讨厌自己,甚至憎恨自己,觉得自己配不上优秀的人,只能和一些坏人、糟糕的人交往。

练习1:有委屈就要说

当你感觉受到委屈时,可以这样说:

我也是你们的孩子,为什么就不能像对他一样对我。

爸爸妈妈,你们这样做我真的很难过。

父母的偏心会让你委屈、难过,但有时候你见惯了这种偏心,就会习以为常,自己消耗委屈、难过的情绪,这样对身心都会产生负面影响。如果你感到委屈,就要大声说出来,让父母知道你内心的想法,而不是因为父母的偏心而记恨他们。

练习2:有些道理要想通

当不理解爸爸妈妈的做法时,你可以这样想:

可能爸爸妈妈有他们的苦衷。

我作为哥哥姐姐,要懂得不让爸爸妈妈操心。

父母的偏爱是不对的,但你作为孩子一定要理解,他们并不是不爱你,而是将更多的爱给了另一个人。你之所以感觉父母偏心,就是因为另一个人获得的爱超过了你,可父母也一样疼爱你啊。不要纠结,学会理解父母,有时候父母的偏爱只是为了更好地处理弟弟妹妹的无理取闹,可他们又不善言辞,只是你误解了而已。

★ 第六章 ★

愤怒：我又发脾气了

1. 想买玩具被拒绝，气得用头撞墙

　　童童最爱去的就是超市，那里有很多漂亮、好玩的玩具。童童在陪妈妈买东西时，看上了一个玩具，站在橱窗前不肯走。她和妈妈说："妈妈，那个玩具好漂亮，你能给我买吗？"

　　妈妈说："昨天刚给你买了一个差不多的，今天就不买了，乖，听话。"

　　童童听完妈妈的话，立刻就不高兴了，贴着橱窗号啕大哭，甚至用手使劲拍打橱窗，无论妈妈说什么都不肯听。妈妈没有办法，只得又给她买了一个新玩具。

孩子的小小心情

1. 不行，我就要，我就要。

2. 不给我买，我就不走了。

3. 快点给我买，不然我就撞墙了。

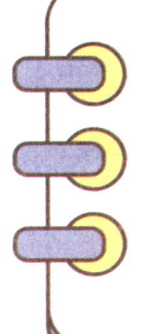

和心理学博士聊聊天

不管是什么原因，被拒绝会让人感到不适。这种不适会催生出各种各样的情绪，你的愤怒就是其中之一。尤其是父母对你有求必应时，一旦拒绝，你的情绪将更为强烈。一般来说，孩子在发泄愤怒时，会有以下三种做法。

习惯型： 父母的拒绝让你很生气，但你又不知道怎么做，只能采用最习惯的方式，尽力大声哭闹，让父母感受到你的伤心和愤怒。

伤害外物型： 愤怒让你有一种攻击性的冲动，你会摔打自己手中的玩具、食物，用脚踢家里的宠物、外面的垃圾桶等，这会让你更快摆脱被拒绝带来的不适感。

自我伤害型： 这也是一种攻击性的冲动，但你伤害的目标是自己，你会趴在地上打滚，甚至用头撞墙。父母的心软会让他们妥协，满足你的要求，而你更容易将这种自我伤害的方式作为逼迫父母妥协的手段。

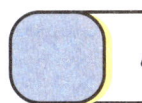

心理学词语加油站

情绪是会传染的，如果你随意发泄自己的负面情绪，就会影响身边的人，造成"踢猫效应"。

什么是踢猫效应?

答:大人上班时受到了上司的批评,回家后臭骂了孩子一顿;孩子很委屈,就踢了脚边的猫;猫受惊跑到了街上,正好碰上一辆卡车开过来,司机为了躲避猫,撞伤了孩子。人的不良情绪会不断向外传递,造成更坏的结局或更深的矛盾。

自我疗愈小练习

练习1:了解被父母拒绝的原因

当你被父母拒绝时,你可以这样想:

爸爸不给我买新玩具,是因为前两天刚给我买了。

妈妈不让我吃冰激凌,是因为我还在生病,医生不让吃冰激凌。

你之所以生气,而且控制不住自己发脾气,主要是太在意被拒绝这件事。父母的拒绝让你产生了深深的挫败感,此时,你只知道自己很难受,却没有考虑父母拒绝你的原因。如果在生气之前,想一想或问问父母为什么拒绝自己,知道答案的你就很难愤怒起来。

练习2:合理地宣泄愤怒情绪

当你因被拒绝而生气时,你可以这样想:

我不能伤害自己或伤害别人。

如果我很生气,那我就大喊几声。

宣泄内心的情绪对一个人来说很重要,但宣泄不是破坏,你可以做任何你想做的事,但不包括伤害自己和伤害他人的事。跑步、踢球等都可以很好地帮助你宣泄情绪。

2. 被妈妈骂懒，忍不住顶嘴了

　　美美最近越来越烦妈妈的唠叨，只要心里不舒服就会和妈妈顶嘴，经常气得妈妈火冒三丈。尤其是妈妈为她辅导作业时。

　　妈妈："先别看电视了，做完作业再看。"

　　美美："我又不是不做，早做晚做都一样，只要按时完成不就行了，我先把这集动画片看完。"

　　妈妈："我怕你看完就不想写作业了，又得让我催你。"

　　美美："你现在就是在催我。"

　　妈妈："昨天刚和你讲了这道题，今天怎么又做错了？"

　　美美："忘记了呗，我要做一遍就能记住，还做作业干吗？"

　　像这样的对话每天都会发生，每次都会惹得妈妈不高兴。

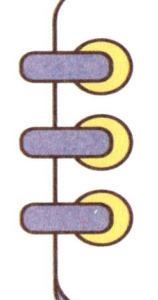

孩子的小小心情

1. 妈妈好烦啊，总是一直说，我又不是没听明白。

2. 我今天就想先看电视，说什么我也不听。

3. 你没事还总看电视呢，凭什么要求我。

和心理学博士聊聊天

你有没有发现，自己有时候和父母顶嘴的话是脱口而出，并不是自己之前就想要和父母顶嘴。这种状态和你的心理有很大关系，你是不是经常会这么想?

不服气：你渴望掌握自己的行动，而不是每件事都要父母给你做决定。当他们批评你，对你说不的时候，你会感觉自己的权利被抢走了，你十分恼怒，希望拿回属于自己的决定权，让心理平衡一些。

父母没资格要求自己：如果父母没有做到他们要求你做的事，你就会觉得很不公平，会质疑他们为你做的决定。就像父母告诉你玩手机对眼睛不好，不让你玩手机，但他们却一直玩手机。内心的不公平感会促使你反驳他们。

嫌弃父母的唠叨：你觉得有些话父母说一遍就够了，不需要翻来覆去地提醒你。耳边不断重复的话让你很烦躁，忍不住和他们顶嘴。

希望得到关注：你需要的是被看见，而不是总被忽视。当你顶嘴的时候，父母会耐心给你解释，这样让你得到很大的满足。你会把顶嘴当作吸引父母关注的手段。

心理学词语加油站

有些人懒惰其实只是看上去懒惰，实际上他的"懒惰"是为了更好地做事，这就是心理学上的"懒蚂蚁效应"。

什么是懒蚂蚁效应？

答：在一个蚂蚁群中，大部分蚂蚁都在搬运东西，总有几只蚂蚁整天东张西望，无所事事，这几只蚂蚁就被称为"懒蚂蚁"。可当蚂蚁搬完食物后，就需要"懒蚂蚁"带领蚁群去找新的食物来源，找到之后，它们就又开始"偷懒"了。

练习1：尝试与父母正确沟通

当你被父母要求时，你可以这样说：

爸爸妈妈，我已经懂事了，我想自己做决定。

妈妈，我已经记住了，不用一直提醒我。

不能与父母正确沟通，是你经常顶嘴的原因。你要学会如何正确表达自己的想法，让父母知晓。如果你选择顶嘴，父母往往会因为情绪而忽略你真正想要表达的意思，从而更加严厉地批评你。他们只是不理解你的想法，而并不是不尊重你的想法。

练习2：不要将顶嘴作为表达方式

当你被父母批评时，你可以这样说：

我记住了，下次就不会犯了。

我不会忘记的，我一直记着呢。

你对父母的唠叨感到不开心，但不要将这种不开心传递给父母。如果你和父母顶嘴了，那他们也会不开心。有时候，好好和父母讲话他们也能明白你的意思，不需要用一种强硬的姿态来反驳父母。顶嘴不是一种好习惯。

3. 和爸爸下棋，一输就忍不住哭

晚上，君君缠着爸爸下五子棋，第一局爸爸故意输给了他，他高兴得手舞足蹈。

第二局，爸爸没有示弱，还没走几步，君君就输了，君君瞬间变脸。

爸爸见状说："下棋有赢就有输，这不是很正常的事吗？"

不说还好，这一说，君君的眼泪就掉下来了。

爸爸急忙说："不哭不哭，我们再来一盘。"

连续几盘，君君赢了就笑，输了就泪汪汪，爸爸只好每次都小心翼翼地让着他。

孩子的小小心情

1. 你为什么要吃我的棋子?
2. 我不喜欢输。
3. 为什么总是我输? 不想玩了。

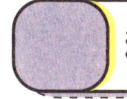

和心理学博士聊聊天

你和别人玩游戏，一输就忍不住哭，是什么心理呢?

感觉被否定：你理解不了游戏的输赢，只知道当你赢了游戏时，别人会给你赞美和鼓励，而当你输了游戏时，别人可能会嘲笑你。你希望得到别人的认可，讨厌别人对自己的否定。

感觉受委屈：你无法理解游戏中的运气成分，当你一直输时，就会认为这不公平，对方在要诈。在你眼中，如果对方靠着"作弊"一直赢，你就会感到十分委屈。尤其是你最信任的父母，你会认为他们辜负了你的信任。

好胜心强：在玩游戏时，你对赢的渴望特别强烈，这种自我期待让你无法接受自己输游戏的事实，你就会用又哭又闹的方式来发泄内心的痛苦。

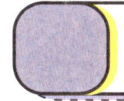

心理学词语加油站

如果你从小一直无法正确认识失败，很可能在未来变得"挫折商"低。
什么是挫折商?

答：一种应对挫折的能力。挫折商低的人只要经历一点点挫折或困难，就容易崩溃、放弃。

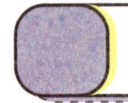 **自我疗愈小练习**

练习1：正确看待输赢

当你和爸爸妈妈玩游戏时，可以这样想：

我玩游戏是为了娱乐。

游戏是为了和父母互动。

和爸爸妈妈一起下棋，或者玩游戏，过程开心就好，结局没那么重要。

练习2：减少好胜心

当你玩游戏输了时，可以这样想：

比赛有输有赢，我不可能每次都赢。

愿赌服输，输了说明我能力还不够强。

好胜心强没有问题，但对任何事都有好胜心会给你带来很多不必要的烦恼。在节目《最强大脑》中，意大利男孩安德烈·拉托雷在输了以后，很大方地跑过去祝贺自己的对手。赢要赢得精彩，输也要输得漂亮。

练习3：输也不是坏事

当你因为输而不开心时，可以这样想：

我要认真分析失败的原因，下次注意。

我要多练习，争取下次赢回来。

赢未必可喜，输未必可悲。输了，去总结教训，增长自己的能力，才是最重要的。

4. 因为意见不一致，和同桌大吵一架

玲玲总是和同桌因为一些小事吵架。有一次，玲玲给同桌讲自己喜欢的一部动画片，两个人又吵了起来。

同桌："我看过这部动画片，那个公主看起来傻傻的，难怪王后不喜欢她。"

玲玲："怎么会，她是好人，王后才是坏人，你怎么能支持王后呢？"

同桌："我不喜欢公主，如果我是王后也会那么对她。"

玲玲："王后是坏人，你也是坏人！"

同桌："我只是不喜欢公主，怎么就是坏人了？"

玲玲："你就是！你就是！"

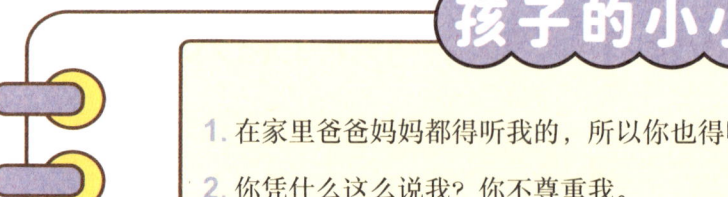

孩子的小小心情

1. 在家里爸爸妈妈都得听我的，所以你也得听我的。

2. 你凭什么这么说我？你不尊重我。

3. 不就对了一次吗？值得这么嘚瑟吗？

和心理学博士聊聊天

你之所以会生气，主要是因为无法接受或包容对方的意见，有时候明明知道对方是对的，但你还是会不高兴。一般来说，因为意见不一致而生气，主要有三种心理，你是哪一种？

不允许被否定：你从来没被人否定过，在家里爸爸妈妈任何事都顺着自己，你认为什么都应该听自己的。一旦有人提出了反对意见，你就会感觉自己受到了伤害，一定要维护自己的"地位"。

不喜欢被否定：你的内心很敏感，总是认为如果对方否定了自己的想法或意见，就等于是否定了自己。因此，当遭到否定时，你会变得很焦虑，习惯性采取更激烈的方式来维护自己的自尊心。

不服气被否定：你认可对方的看法，但无法接受对方所表现出的姿态。在你看来，你们属于同一个等级的人，对方没有资格对你指责或说教。这种老师和父母才会带给你的类似感觉，从身边的小伙伴感受到，让你感觉很不爽。

心理学词语加油站

每个人都不喜欢被否定，也会因被否定而不喜欢否定自己的人，因为人在心理上有一种"自我价值保护原则"。

什么是自我价值保护原则？

答：一个人为了保护自我价值，在语言和行为上出现一种防止被否定的倾向。严重者会只接受那些喜欢自己的人，讨厌否定自己的人。像你因同桌和你意见不一致，就会出现讨厌他的想法，就是自我价值保护原则在作怪。

练习1：理解、接纳不同意见

当你和同桌发生争执时，你可以这样想：

每个人都有自己的想法，我不能强迫他和我一样。

他只是觉得我的想法是错的，并不是不认可我。

所谓意见不一致，总是对事不对人的。每个人都有自己的想法和喜好，有时候根本就没有对错之分，就像你喜欢吃苹果，他喜欢吃香蕉，即使你再怎么努力和他说苹果有多么美味，他也不会喜欢吃苹果。你要学会接受。他喜欢吃香蕉，不喜欢吃苹果，并不代表苹果不好吃。

练习2：正确处理争执

当你和同桌发生争执时，你可以这样说：

没关系，可能你才是对的，但我现在还是这样想。

不说这个了，我们说一点别的吧。

因为意见不一致争吵、生气是没有意义的，如果你无法说服对方，对方也无法说服你，那就不妨停止对这件事的讨论，说一点让大家都开心的事。当对方的态度很强硬时，你可以给对方一个笑容，表示理解他的想法，大度一点，不要因一点小事破坏彼此的关系。如果你把这件事和妈妈说，妈妈一定会夸你很懂事。

5. 妈妈进房间从不敲门，我很生气

小洁越来越讨厌妈妈，因为妈妈总是悄无声息地就进来了，把她吓一跳。

有一次，小洁特意和妈妈说了这件让自己难受的事，但妈妈的反应很激烈。

小洁："妈妈，请您下次进屋时先敲一下门好不好？"

妈妈："敲门干吗？我是你妈妈，还不能进你屋了？你想偷着在屋里干吗？"

小洁："我什么也不干，我就是希望您能尊重我，我想有自己的空间。"

妈妈："什么空间，我告诉你啊，以后不许锁门！"

孩子的小小心情

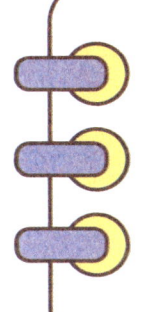

1. 妈妈好烦啊，根本就不知道尊重我。

2. 我真的想一个人待一会儿。

3. 每次都像突击检查，把我当犯人吗？

和心理学博士聊聊天

虽然你清楚有时候父母的这种做法是对你的一种关爱，但心里就是会不舒服，甚至对这种不礼貌的行为感到厌恶。当父母进自己的房间不敲门时，你是不是有以下想法？

想要尊重： 你觉得自己已经是一个大人了，希望爸爸妈妈像尊重其他人一样尊重你，而敲门需要经过你的同意再进你的房间，是给你的最好的尊重。

没有安全感： 你认为自己应该有一个私人空间，自己的隐私也很重要。爸爸妈妈不打招呼就进你的房间，随便翻你的东西，你觉得很没有安全感。

厌恶权威： 你认为爸爸妈妈随便进入你的房间是在展示他们的权威，是在告诉你他们有权支配你的一切，这种感觉让你十分厌恶。

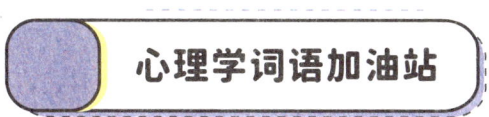

心理学词语加油站

父母不敲门进你的房间，也许本身没有恶意，但这种没有界限的行为，让你非常反感。这就像心理学上的"刺猬效应"，距离太近，彼此都容易受伤。

什么是刺猬效应?

答:当天冷时,两只刺猬会相互靠近取暖,但会保持一定的距离,避免刺伤对方。人与人之间的交往也是如此,即便家人之间也应保持一定的距离。

自我疗愈小练习

练习1:和父母说心里话

当你反感父母的行为时,你可以这样说:

爸爸妈妈,你们这样随便进出我的房间,我感觉很不舒服。

爸爸妈妈,你们不要担心,我有时候只是想一个人待一会儿。

你要勇于表达自己的想法,让父母了解你是怎样的心理,而不是去和父母争吵,让他们无法进入你的房间。这样只会让他们更加担心,或者更加肆无忌惮地进入你的房间。如果你表达出自己想要的尊重,父母一定会重视你的想法,并认同你的想法。

练习2:多和父母亲近

当你担心父母因自己锁门而生气时,你可以这样做:

妈妈,今天学校里发生了一件有意思的事。

爸爸,你能陪我玩一会儿吗?

父母忽略了你对私人空间的重视,而你忽略了父母对亲密关系的渴望。当你回家后什么也不愿和父母分享,甚至都不愿随意聊几句家常就返回自己的房间,这会让父母感到很失落,他们会渴望加深你们之间的关系。如果你平时愿意和父母交流,他们对你的掌控感就会降低。

6. 被误会了，很生气却不知如何解释

邻居的车被划伤了，邻居叔叔查看监控发现，俊俊下午围着汽车玩耍了好一阵，于是找到俊俊家讨个说法。看过监控之后，爸爸马上叫来了俊俊："你是不是划了叔叔的车？"

俊俊："不知道，爸爸你在说什么啊？"

爸爸："下午你和妈妈在停车场的时候，你有没有划一辆黑色的汽车？"

俊俊："没有啊，我一直和妈妈在一起。"

爸爸："还说没有，那你为什么一直绕着汽车跑？划了就是划了，咱们赔钱就是了，但你不能说谎。"

俊俊："我就一直在那儿玩，没有碰汽车。"

最后，俊俊爸爸主动赔了邻居修车钱，并替俊俊向对方道了歉。但俊俊很生气，他搞不懂明明就不是自己划的，爸爸为什么要冤枉自己？！

孩子的小小心情

1. 真的不是我干的，为什么要冤枉我?

2. 爸爸你为什么不相信我? 我讨厌你。

3. 好好好，你说是就是吧。

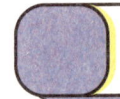

和心理学博士聊聊天

被人冤枉是一件令人气愤的事，当你受了委屈却不被父母理解，你会感到很无助。那你知道你为什么会生气吗?

不敢解释： 你被父母或老师叫过去解释，每个人都是一副很气愤的样子，这种谈话环境让你感到很压抑，很害怕，你不敢和他们说话，最后只得默认。

不信任父母： 父母从来就没听过你的解释，即使你很耐心地告诉他们发生了什么，他们每次也会认为是你在狡辩，甚至有时候还会动手打你。你不相信父母，也不明白为什么自己最亲的人每次都会向着别人。

不想争辩： 所有人都像对待一个犯错的人一样对待你，明明你没有犯错，可他们却都将你看作是"凶手"，既然所有人都不相信你，你认为解释也没有用。

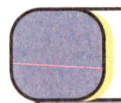

心理学词语加油站

你要懂得表达愤怒，为自己辩解，无论当时你在顾忌什么，都不能沉默，否则很容易养成逆来顺受的性格，也就是心理学上的"逆向合理化"。

什么是逆向合理化？

答：你为自己已经接受的事情，寻找合理借口的过程。比如，当你被冤枉时，所有人的态度让你感到伤心，并以他们根本不信任自己的理由来安慰自己，从而放弃解释。

练习1：坚定立场，表明态度

当你被误会时，你可以这样说：

是我拿了他的东西，可我没有偷，我想等他回来再告诉他。

瓶子是我摔坏的，我只是想帮妈妈做家务。

在被误会时，最忌讳的就是沉默，你越不说话，对方就越相信事情是你做的，说的话也会越来越难听。如果你一开始就表明自己的立场，并给出自己的理由，对方就会更愿意听你的解释，而不是一上来就无凭无据地指责你。

练习2：放下顾虑，大胆解释

当你被冤枉时，你可以这样说：

我没有做，你们也不能随意就说是我做的。

你先证明是我做的，再来指责我。

明明不是自己做的事情，如果被冤枉，一定不要忍气吞声，要大胆地和他们解释，自己根本就没有做这种事。千万不要因为心存顾虑而委屈自己。

★ 第七章 ★

恐惧：我好怕

1. 怕黑，怕怪物，不敢一个人睡

　　可可有了自己的房间，但他还是喜欢和妈妈一起睡。虽然妈妈每晚都会来照顾他睡觉，但只要妈妈一关灯离开，可可就会大哭，无论妈妈怎么安抚劝说，都止不住。后来，妈妈耐心地和可可沟通了这件事。

　　妈妈："你已经这么大了，该和爸爸妈妈分床睡了，你要做勇敢的男子汉。"

　　可可："可是我一个人睡觉会害怕。"

　　妈妈："你在怕什么？爸爸妈妈就在你隔壁，我们会保护你的。"

　　可可："我怕鬼，只要一闭上眼，感觉那些怪物就会来找我。"

　　妈妈对可可丰富的想象力感到十分无奈，尽管妈妈不断给可可解释，但可可还是接受不了自己晚上一个人睡。

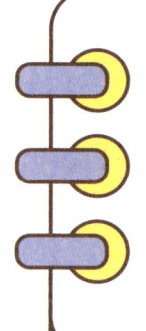

孩子的小小心情

1. 太黑了，我好害怕，我要找妈妈。

2. 我不要一个人睡!

3. 床底下是不是有怪物?

和心理学博士聊聊天

从和爸爸妈妈一起睡到自己一个人睡，需要一个过程，你不习惯是正常的。不要担心，只要你能认清自己的想法，就能摆脱对黑暗的恐惧。当你晚上一个人睡觉时，会不会经常这样想?

缺乏安全感：你在和爸爸妈妈的相处中获得了很大的安全感，但当你一个人在晚上独处时，黑暗、寂静会让你感到焦虑，如果没有爸爸妈妈作为依靠，你的焦虑情绪将无法得到缓解。

想象力作怪：你对现实和虚拟还没有清晰的认识，你一直认为动画片、游戏中在黑夜出没的鬼怪、妖兽也存在于现实生活。当你在黑暗中独处时，就会不自觉地想到这些东西，从而使你对黑暗的恐惧更加强烈。

父母的警告：你经常听到爸爸妈妈讲，晚上外边会有大灰狼，专挑自己这样的小孩子下手，如果自己出门的话就会被它抓走。你对爸爸妈妈的话信以为真，自然而然就会对黑暗产生恐惧。

心理学词语加油站

你之所以相信晚上会有鬼怪出没，是因为"泛灵心理"所致。

什么是泛灵心理？

答：是指孩子将所有的事物都当作是有生命的心理倾向。比如，他们会和枕头讲话，和动画片中的角色做朋友，等等。这种情况常见于3岁至5岁的孩子。

自我疗愈小练习

练习1：拒绝恐怖因素

如果你怕黑，你可以这样说：

我不要看那些恐怖的动画片。

妈妈，你不要吓我了。

你害怕黑暗可能是由于频繁接触让人感到恐惧的画面，或者被一些恐怖的现象惊吓到的缘故。当这些内容给你留下很深的印象后，你在一个人睡觉时就会不自觉地想到这些内容，加剧自己的恐惧。如果你在生活中远离这些内容，就能减少自己对黑暗的恐惧幻想。

练习2：分清虚拟和现实

当你一个人睡时，你可以这样想：

世界上根本没有鬼，不会来抓我。

动画片中的鬼怪都是假的，生活中不存在。

你可以主动和父母谈话，让他们为你讲解一些科学道理。比如，天为什么会黑，世界上究竟有没有鬼，等等。当你能够成熟地看待虚拟和现实，面对黑暗就不会那么害怕了。

2. 不敢当众发言，一上台就紧张

威威的班级举办了一场演讲比赛，说一说自己在暑假中都做了哪些事。很多小朋友都分享了自己的经历，等轮到威威时，无论老师、同学怎么鼓励他、安慰他，他都不愿上台演讲。老师说："没事儿，如果你不记得暑假做了什么，随便讲点什么都行。"但威威只是摇头。

其实，威威平时和老师同学相处得很好，就是性格比较内向，不太喜欢表现自己。不知道为什么，威威总是排斥当着所有同学的面做任何事，如演讲、唱歌、讲笑话、回答问题等，每一次老师点到威威，威威就只是低着头，不上台也不说话，这让他的父母很担忧。

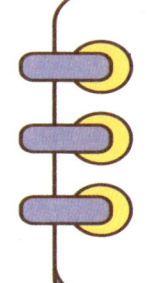

孩子的小小心情

1. 一想到那么多双眼睛盯着我，我就害怕。

2. 如果我说得不好，同学们会不会笑话我？

3. 从来没上过台，我好紧张。

和心理学博士聊聊天

虽然向所有人展示自己是一件值得骄傲的事，但你不喜欢被很多人盯着的感觉，因此，你害怕当众发言，一到需要自己讲话的时候就会无缘无故地紧张。那你知道自己为什么会这么紧张吗？

缺乏相似的经历：你从未在这种环境下说过话，所有人安静地看着自己，陌生的讲台，一切都让你感到陌生，心里自然而然会感到紧张。为了逃避这种紧张带来的不适感，你就会抗拒上台演讲。

性格过于内向：你喜欢观察和思考，不喜欢表达，尤其不喜欢当着很多人的面表现自己。当你被要求表现自己时，你会觉得很不自然，有时候会产生想要逃跑的冲动。

有过难堪的经历：你曾经当着很多人的面表现过自己，但因为一些缘故遭到他们的嘲笑，这种经历让你十分难堪，开始对当众讲话感到恐惧。你每次站在讲台上的那一刻，都会想起曾经那段不好的经历，担心自己再次出错。于是，你不敢再尝试上台讲话。

心理学词语加油站

上台演讲是生活中十分常见的场景，有些人可以当着众人的面侃侃而谈，而有的人只要站在台上，就会忍不住流汗、颤抖，这很可能是心理学上所讲的"演讲恐惧症"导致。

什么是演讲恐惧症？

答：指在公共场合进行演讲时总是会感到恐惧，失去正常的表达能力，经常出现大脑空白、手脚冰凉、忍不住颤抖的情况。

练习1：不断鼓励自己

当你即将登台时，你可以给自己积极的暗示：

肯定没问题，我已经练习了很多遍了。

如果我能演讲完，老师一定会表扬我的。

第一次登台，紧张是正常的，没关系。

大多数人不愿意上台演讲，主要是缺乏自信，担心自己在台上出丑，影响自己的形象。但这些情况都只是你的想象，也许并不会发生。当你每天都告诉自己"我能行"，就会提升自己公开演讲的自信，当你信心满满地登台时，一定能获得掌声。

练习2：缓解紧张的技巧

当你准备演讲时，你可以这样缓解自己的紧张：

一四二深呼吸法：用一秒吸气，用四秒屏气，最后用两秒吐气。连续用几次，效果明显。

放松面部肌肉：可以左右撅唇、嘟嘴、用舌头左右顶腮、做鬼脸以及搓脸，用这些动作来转移自己的注意力，缓解紧张感。

即便是经常做演讲的大人物，也会紧张。在登台前，你可以使用一些缓解紧张的小方法，除了上面两种，还可以尝试在手中捏一个小物品，感觉紧张时，就用力捏它，借此排解压力。还可以用推墙的方式来释放压力。

3. 害羞、怕生，不敢跟人打招呼

婷婷是一个害羞的女孩，害怕见陌生人，即使见到熟人也不爱打招呼，每次都躲在妈妈背后。一开始，妈妈还会耐心地给婷婷介绍长辈们是谁，该怎么称呼，偶遇的熟人也会热情地夸奖婷婷，但婷婷始终不愿主动开口打招呼，最多也只是偷偷看他们一眼。

婷婷也因此被妈妈批评过很多次："婷婷，你要知道和叔叔阿姨打招呼，人家经常来咱们家，你要懂礼貌。""我和你说过多少次了，你真让我丢脸。"每次被批评，婷婷都会委屈得大哭，但还是不敢和别人打招呼。

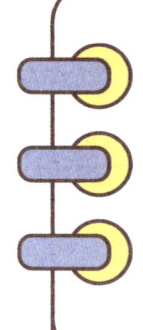

孩子的小小心情

1. 妈妈,我害怕,我不想和他们在一起待着。

2. 我也知道和人打招呼,可看见人之后就想不起来了。

3. 你骂我吧,我就不打招呼。

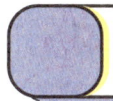

和心理学博士聊聊天

一个懂得主动和熟人打招呼的孩子,会更受大人的喜爱。你很羡慕周围那些活泼开朗、和什么人都能聊几句的伙伴,可真轮到自己遇见熟人时,反倒不敢开口了。你知道这是为什么吗?

羞怯:你很少去陌生人多的地方,因此一见到陌生人就会感觉很紧张,想要赶快离开这个地方。即使爸爸妈妈在场,让你有足够的安全感,这种紧张感也会出现,让你不敢和对方接触。

打招呼是礼貌:在父母看来,和熟人见面打招呼是礼貌,但你意识不到这一点。在你看来,偶遇时,每见到一个熟人都要打招呼是一件无法理解的事情。既然不会和他们一起走、一起做事,为什么要打招呼?

心理阴影:你因为打招呼这件事受到了父母的很多批评,甚至当着很多人的面让你下不来台。这种经历让你越来越恐惧打招呼这件事,有时候你想要和对方打招呼,但就是张不开嘴。或者爸爸妈妈的批评让你很反感,他们越是强迫你打招呼,你越不想和陌生人打招呼。

心理学词语加油站

如果你一直不敢和熟悉的人打招呼，不管父母怎么提醒、解释都无法解决这个问题，那你很有可能是出现了"社交恐惧症"。

什么是社交恐惧症？

答：即对陌生的人或环境有一种抵触心理，会表现出十分强烈的紧张感和排斥感。这种情况反复出现且难以控制。

自我疗愈小练习

练习1：尝试与陌生人沟通

当你遇见陌生人时，你可以这样想：

试一试，和陌生人说话也许没有那么可怕。

所有的困难都是我想象出来的，打招呼其实是一件很简单的事。

人对未知的恐惧是最强烈的，你越不愿迈出和陌生人沟通的第一步，就越会觉得可怕。如果你大胆尝试过后，就会发现其实和陌生人打招呼并不难。不仅不会让自己难堪，还会得到对方的夸奖。

练习2：简化打招呼

当你被要求打招呼时，你可以使用简单的句式：

如果和不熟悉的人打招呼，只要说"你好"。

如果实在开不了口，那就微笑着挥挥手也行。

对于有轻微"社恐"的你来说，需要足够的勇气才能开口。开始，不要对自己提出太高的要求，打招呼一律用"你好"即可，甚至挥挥手也是进步。初级阶段要培养的是礼貌意识，而不是华丽的用语，慢慢再提升开口的勇气。

4. 有了弟弟，好怕失去妈妈的爱

妈妈问娟娟，给她生个弟弟做伴好不好？娟娟十分高兴，到处炫耀说，妈妈要给自己生弟弟了。

有一次，邻居奶奶逗她说："妈妈生了弟弟，就不要你了。"

从那以后，娟娟再也不说关于生弟弟的话了，有时候还会说："我不想要弟弟了。"

等弟弟出生后，娟娟也不高兴，总是黏着妈妈讲故事，一不如意就哭鼻子。

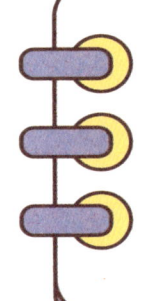

孩子的小小心情

1. 妈妈生了小宝宝，会不会就不爱我了？

2. 我讨厌弟弟，你不要来和我抢妈妈。

3. 妈妈生了弟弟，我想把他扔掉！

和心理学博士聊聊天

妈妈生了弟弟妹妹，你本来很开心，但过了一段时间，你开始讨厌这个刚出生的小孩。这是为什么呢？一般有以下几个原因。

感觉被爸爸妈妈冷落：爸爸妈妈陪自己的时间越来越短，他们每天都围在小宝宝身边，不再愿意和自己说话，陪自己看电视。你感觉自己被冷落，认为这都是这个小宝宝造成的。

感觉失去了一切：平时来家里串门的熟人都会夸自己，可最近家里来的人很多，但所有人都去看了小宝宝，夸的也是小宝宝，根本没有人在意自己。你感觉自从小宝宝出生，自己仿佛失去了一切。

感觉很委屈：爸爸妈妈经常和你说，要爱弟弟妹妹，要懂得照顾弟弟妹妹。有时候，爸爸妈妈还会因为你和弟弟妹妹玩，他（她）忽然哭了而批评你、骂你。你觉得很委屈，凭什么姐姐哥哥就得照顾弟弟妹妹？为什么弟弟哭，自己要挨骂？你越来越讨厌这个小宝宝。

心理学词语加油站

你对父母行为的不理解，使你将关爱减少的原因归为新出生的弟弟妹妹，这

种误解就是"阿伦森效应"导致的。

什么是阿伦森效应?

答:即一个人随着获得的奖励不断减少,态度变得消极,从而对他人产生不正确的印象。

练习1:参与待产工作

当妈妈怀孕时,你可以这样说:

妈妈,你打算给弟弟取什么名字?

妈妈,我能摸一摸弟弟吗?

如果你和爸爸妈妈一起参与了待产工作,就会对妈妈肚子中的宝宝充满感情,而不是像对待一个陌生人一样。在宝宝出生后,父母的偏爱之所以令你难过,是因为在你看来,父母将原本给你的爱给了一个自己不熟悉的人。如果你从妈妈怀孕到生产一直陪伴着妈妈,见证弟弟妹妹的出生,你就不会感到难过。

练习2:让自己被需要

当妈妈忙着照顾孩子时,你可以这样说:

妈妈,我能帮你做什么吗?

妈妈,你要不要喝水?我去帮你倒一杯。

一般来说,你判断自己被忽略的证据是自己不再被需要,如爸爸回家第一件事就是看小宝宝,而妈妈整天抱着小宝宝。当你主动帮助妈妈做一些力所能及的事,妈妈一定会很开心,忍不住夸奖你,甚至有时候会主动要你帮忙。如此,你就不会产生被冷落的感觉。

练习 3：认清父母的" 偏心"

当你因为父母的偏心感到难过时，你可以这样想：

我小时候妈妈也是这样对我的，我现在不需要被这么照顾了。

我长大了，自然不会让爸爸妈妈操心。

有时候你眼中的偏心只是想象出来的，父母并不是忽略了你，而是小宝宝对父母的需要远高于你，让你产生了被忽略的错觉。实际上，小宝宝肯定需要更多的关注，可这并不表示父母不爱你了。

5. 怕去医院，怕医生

小飞感冒了，咳嗽得很厉害，妈妈不得不将他带去医院看医生。

挂号的时候，小飞还很乖，但排队进诊室的时候，小飞看到里面穿白大褂的医生，忽然变得很激动，哭着说："妈妈，我不想看医生，咱们还是回家吧。"

妈妈："听话，你看你咳嗽得多厉害，让医生给你开点药，你就不咳嗽了。"

小飞："我没事，我不想看医生，我要回家。"

妈妈一边拉着小飞向诊室走，一边批评他说："你看你是什么样子，让医生看一看，你怕什么？赶紧的，马上就到咱们了。"

妈妈越是催促，小飞挣扎得越厉害，双手抓着诊室的门号啕大哭起来。

孩子的小小心情

1. 医生都是坏人，他们会拿针扎我。

2. 我讨厌医生，我要回家。

3. 爸爸妈妈为什么这么着急？我好害怕。

和心理学博士聊聊天

很多孩子都和你一样，不喜欢看医生，就算是大人，对医院从内心里也是排斥的，这是为什么呢？

不喜欢医院的环境：很多陌生人进进出出让你感到不安，消毒水的味道十分难闻，尤其还会遇到很多哭得撕心裂肺的小朋友，这让你本能地反感医院。

经历过痛苦的就医过程：你每次走进医院都会想起自己过去看病的经历，被针扎，被逼着吃难吃的药，你将这一切归咎于医生和医院，自然对他们不会留有好印象。

感觉被侵犯：你在看医生时，对方会用一些你不认识的器械给你检查身体，塞进嘴巴、耳朵、鼻子里，这种行为让你十分恐惧，如果医生的态度冷漠，你就会产生一种被侵犯的感觉。

被爸爸妈妈的情绪感染：你被爸爸妈妈带到医院做检查，他们满脸焦急和担心，妈妈有时候还会掉眼泪，这让你也感觉很难受。

心理学词语加油站

你之所以会害怕医院、医生,是因为将对打针、吃药的恐惧转移到了他们身上,这是由心理学上所讲的"晕轮效应"导致的。

什么是晕轮效应?

答:即人对一种事物的印象,向着和它相关的事物扩散。这就是人们常说的"爱屋及乌,恶其余胥"。

自我疗愈小练习

练习1:了解自己的病情

当你因病需要上医院时,你可以这样说:

妈妈,去医院医生会给我做哪些检查?

阿姨(医生),我吃了这些药是不是就能好了?

有时候,你的恐惧只是来源于未知。你可以询问妈妈或者医生,自己要做什么检查?多久能好起来?当你对自己的病有所了解,就不会那么害怕了。

练习2:改变对医生的看法

当你害怕医生时,你可以这样想:

医生说话很和气,一点都不凶。

医生很温柔,不会弄疼我的。

医生能够治疗你的病,虽然会给你做检查、开药,但这些东西会让你的身体更快地好起来,变得更加健康。

6. 怕年过完，妈妈又要去很远的地方上班了

　　小强半年多没见到妈妈了，过年的时候，妈妈终于回家了，陪小强买了新衣服，给小强做了好吃的饭菜，还带他去了一直都想去的动物园。

　　本来开开心心的小强一想到过年之后，妈妈就又要走了，心里顿时很难过，拉着妈妈的手问："妈妈，你能不走吗？"

　　妈妈说："妈妈得去挣钱，过一段时间就回来了，你要好好听爷爷奶奶的话。"

　　等到妈妈坐车走的那一天，小强在后面追了很远，一边追一边哭着说："妈妈，你别走。"

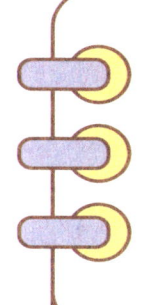

孩子的小小心情

1. 妈妈又要离开我了，我不要妈妈走。

2. 别人的妈妈都可以陪着他们，我的妈妈为什么不可以?

和心理学博士聊聊天

你的担心很正常，很多孩子在长时间离开母亲后，都会产生这种恐惧心理，这种恐惧心理一般来源于三个方面。

安全感缺失：父母是你安全感的来源，当父母长期不在你身边，你就会感到很没有安全感。尤其是父母喜欢跟你开"不要你了""不喜欢你了"之类的玩笑，你对父母即将离开自己的担忧就会更加强烈。假如父母在离开时没有和你打招呼，你会特别难过。

恐惧分离：你最害怕的就是妈妈不在自己身边，妈妈的怀抱，身上的味道，每天贴心的照顾都让你感到安心和满足。如果妈妈即将离开你，这一切就会随着妈妈的离开而消失，你很容易产生一种被抛弃的感觉，从而对这种分离感到十分恐惧。

触景生情：妈妈的离开让你很难过，当你经常看到别的小朋友有爸爸妈妈陪伴，而自己只能独自一个人上下学时，就会变得很委屈，希望妈妈能够陪伴自己。每一次妈妈离开，你都会回忆这种画面。

心理学词语加油站

如果你一年到头都见不到爸爸妈妈的身影，有问题自己解决，习惯了一个人去面对，慢慢地，爸爸妈妈即便回了家，你也亲近不起来。时间长了，你可能会患上"情感冷漠症"。

什么是情感冷漠症？

答：即对任何刺激都缺少情感反应，对亲人冷淡，对周围事物没有兴趣，没有同情心，也不喜欢关心人。

自我疗愈小练习

练习1：把抱怨换成理解

当妈妈不得不离开你时，你要这样想：

妈妈没有办法，才去那么远的地方工作。

妈妈在外面工作也很辛苦，我要好好学习，让她放心。

把"妈妈，你为什么要去那么远的地方啊"，"妈妈，你为什么不经常回来看我"之类的抱怨变成对妈妈的理解，你就不会有被抛弃的感觉了。

练习2：把恐惧换成期待

当妈妈离开时，你可以这样说：

妈妈，我过生日你会不会回来？

妈妈，过年的时候你会回来吗？

如果分开无法避免，你就要学会习惯，和妈妈定好下次再见的日期，你与妈妈的分离就不会那么焦虑。在今后的生活中，也不会漫无目的地等待，而是看着一天天迫近的时间，期待着和妈妈见面。

练习 3：学会和爷爷奶奶相处

当妈妈离开后，你可以多跟爷爷奶奶聊聊天：

奶奶，今天学校发生了一件有趣的事。

爷爷，你来陪我玩。

家庭中，不只妈妈给能够带给你安全感，其他人也可以。你要学会依赖爷爷奶奶，将你对妈妈的感情转移到爷爷奶奶身上，弥补与妈妈分离带来的缺失感。

7. 爸爸妈妈总是吵架，好怕他们会离婚

贝贝的爸爸妈妈经常吵架。

有一次，妈妈去姥姥家拿东西，想着很快回来，就将贝贝一个人放在家里写作业。

爸爸知道后冲妈妈吼道："你怎么回事，和你说了多少遍，不要将贝贝一个人丢在家中，你到底管不管孩子？"

妈妈："我不管？我不管他能长这么大，从早到晚，你有管过孩子吗？"

爸爸："我每天上班这么累，你怎么都不会体谅我一下？"

妈妈："就你一个人累，我整天伺候你们爷儿俩，我不累吗？你别有气就往我身上撒，过不下去就离婚吧！"

爸爸："离就离，我还怕你不成！"

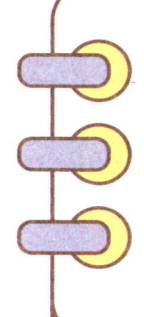

孩子的小小心情

1. 爸爸妈妈为什么吵架？我好害怕。

2. 爸爸妈妈再吵下去会不会离婚？我会不会成为没人要的小孩？

和心理学博士聊聊天

吵架和离婚没有必然的联系，你之所以会过度担心爸爸妈妈离婚，是源自怕失去的心理。

害怕失去家： 你觉得有爸爸妈妈在，你就有一个完整的家。如果爸爸妈妈离婚了，这个家就没了，你很害怕失去这个从小长大的家。

害怕失去爸爸或者妈妈： 父母真的就要离婚了，你知道自己只能跟着其中一个人生活，你不想在爸爸妈妈之间做选择，你不愿意失去他们中的任何一个。

害怕被抛弃： 你听身边的小伙伴说，他的父母因为吵架离婚了，之后又都有了新家，就把他丢给了爷爷奶奶。你很担心爸爸妈妈离婚了，自己也会被抛弃，没人要。

心理学词语加油站

当你一直在父母的争吵中听到自己的名字，爸爸妈妈是因为自己才没有离婚，你很可能会患上"资格感缺失"。

什么是资格感缺失？

答：即一个人即使已经拥有了美好的事物，他也会认为自己不配拥有，对别人的评价很敏感，不自信。

练习1：告诉爸爸妈妈你的担忧

在爸爸妈妈吵架的时候，你可以这样说：

爸爸妈妈，你们不要吵架，我很害怕。

是不是吵架就要离婚？我不希望你们离婚。

你可以向父母讲出你的担忧和难过，让他们清楚你究竟是怎么想的，从而意识到吵架带来的不利影响。如此一来，当他们再次因一时冲动而吵架时，就会考虑你的感受，变得更加理性，判断某些事情值不值得吵架。这样，就减少了父母的冲突。

练习2：了解爸爸妈妈为什么吵架

在平时和爸爸妈妈沟通的时候，你可以这样说：

爸爸妈妈，你们为什么吵架啊？

爸爸妈妈，你们为什么生气啊？

争吵表示父母都有自己的想法，他们在试图说服对方，这种思想上的碰撞是正常的。最重要的是，每一对父母都有属于他们的相处方式，也许对有的父母来说，吵架只是情感沟通的方式，并非彼此相互讨厌。即使有一方在愤怒的情况下提出离婚的要求，也不代表他（她）真的想要离婚。因此，当父母吵架时，可以主动了解他们为什么吵架，来打消自己的担忧，避免自己在胡思乱想中变得焦虑。

第八章

叛逆：我也不想跟父母对着干

1. 妈妈越催写作业，越不想写

心理小故事

6点40分，妈妈："乐乐，该写作业了。"

乐乐正忙着玩新买的玩具挖土机，头也没抬地答："我知道，再玩一会儿。"

6点50分，妈妈："乐乐，差不多了，赶紧去写吧。"

乐乐不情愿地说："知道了，我还没玩够呢。"

妈妈生气道："赶紧去写，写完再玩！"

7点，乐乐终于坐在书桌前。

妈妈："课本呢？文具袋呢？赶紧拿出来。"

……

半个小时能写完的作业，乐乐磨蹭了两个小时，还没写完。

1. 别催我了，我又不是不写。
2. 催吧，你越催我越不写。
3. 真烦，我讨厌写作业。

和心理学博士聊聊天

实际上，你并不是不想写作业，而是不喜欢做什么事都被人盯着。这种时刻被监督、提醒的滋味很不好受。你之所以选择用拖延来对抗父母，往往是因为以下几种心理，看看你是哪一种?

不被信任：你认为爸爸妈妈的催促是对你的不信任，如果想要提醒自己，有些话说一遍就够了，不需要翻来覆去地说。在你看来，明明自己记得写作业，为什么偏要催自己，既然你们不信任我，那我就不写。

不喜欢被控制：你想要自行安排自己的时间，但父母的催促打断了你的计划，同时也抹杀了你的决定权。你认为他们不断催促，就是希望自己按照他们的想法做，但你十分反感，不喜欢被人控制，所以你才要反抗，拿回自己的决定权。

厌恶叠加：你不喜欢写作业，更不喜欢被催促。原本你打算忍受着内心的厌烦来完成作业，可经过父母的催促，你更加没有心思去写作业了。

心理学词语加油站

你知道为什么自己本来并不排斥的一件事，经过别人不断催促反而会感到厌烦吗？其实，这就是由心理学上讲的"超限效应"导致的。

什么是超限效应？

答：是指当一种刺激过多、过强或作用时间过长时，就会引起当事人心里的反感和叛逆。也就是"你越催我，我就越不做"。

练习1：告诉父母自己不想被催促

当刚吃完饭，妈妈就开始催促你去写作业，你可以这样说：

妈妈，我记得了，不要再催我了。

妈妈，不要催了，你越催我就越不想做。

父母的催促很容易让你形成依赖心理，当父母为你考虑所有的事情，那你就会不自觉地产生一种想法：既然爸爸妈妈什么事都操心，那我就什么也不想了。如此一来，你的自主能力就会降低。如果你将催促的危害告诉父母，那他们一定会慎重考虑自己以后的行为。

练习2：告诉父母自己的时间计划

为了避免被妈妈催促，你可以放学到家后就对妈妈说：

妈妈，我做了一个时间表，给你看看。

妈妈，我8点开始写作业，9点写完，再给你检查好不好？

父母之所以会监督、提醒你，就是怕你没有时间观念，在玩乐中忘记重要的事。如果你在做事之前，告诉父母你的时间计划，他们自然就不会去干涉你。但前提是，你必须严格按照自己的计划进行，准时做完计划中的每一件事。当父母见到你可以自己做得很好时，就会放弃催促你的念头。

2. 妈妈连我穿什么都管，真讨厌

小南今天想穿那件有娃娃图案的卫衣。

"那件卫衣和你的裤子颜色不搭，穿这件灰色的。"妈妈一边说，一边把灰色卫衣塞到她手里。

小南拿着卫衣不愿意穿，满脸不高兴。

妈妈抓过灰色卫衣，套在她头上，说:"快点，要不就迟到了。"

小南只好慢腾腾地把卫衣穿上去，共实她一点都不喜欢这件衣服。

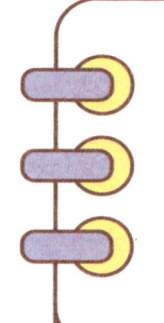

孩子的小小心情

1. 我就不喜欢这件衣服，不想穿，烦死了。

2. 什么时候我能想穿什么就穿什么？

3. 我就喜欢这件，我觉得挺好看的。

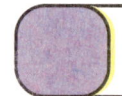

和心理学博士聊聊天

在生活中，被父母干涉是一件十分常见的事情。不只是你，很多孩子都会被要求，不许穿这个，不许穿那个，这种一直有人替你做决定的状态让你很不开心，你知道是为什么吗？

失去控制权：你向往独立，认为自己已经可以决定一些事情，特别讨厌别人对自己的管教。尤其是他们根本不关心自己的意见，完全按照他们的想法做，这会让你感觉失去了对自己的控制权。因此，你会特别抵触父母对自己的干涉。

被否定很受伤：父母一旦要干涉你，势必会否定你的意见或选择，这种否定会让你感到不适。他们的行为就好像在说："我们是你的父母，我们说的话都是对的。"你的内心十分厌恶这种压迫，开始越来越讨厌父母对自己的关照。

有自己的审美：你有自己的审美，喜欢什么、不喜欢什么不需要别人来教。就像人看见美的东西会开心，看见丑的东西会厌恶，这种美丑需要他自己去判断。如果父母将自己的审美强加给你，让你穿他们认为好看的但你不喜欢的衣服，那你一定会不开心。

心理学词语加油站

你反感父母对你的干涉,是因为失去了"自我掌控感"。当你觉得一切都能自己把控时,就会感到幸福,反之就会出现排斥和反感的情绪。

什么是自我掌控感?

答:即自己能够决定自己内在的状态和外在的行为,不受外界因素影响。

自我疗愈小练习

练习1:学会说"不"

当父母反对你穿自己喜欢的衣服时,可以尝试拒绝:

我喜欢这件衣服,我就要穿这件衣服出门。

我有自己的主见,不要反对我的决定。

父母过多的干涉对你来说没有任何好处,你要坚定自己的选择,有自己的意见,告诉父母他们的想法是错的。如果你只是一味顺从,不仅会逐渐丧失自己的决定权,还会助长父母再次干预你的欲望。因此,从一开始你就要敢于说出自己的想法,让父母意识到你已经有能力去独立面对。

练习2:尝试表达自己的观点

当父母和你因穿衣问题发生争吵时,可以这样和他们沟通:

妈妈,我觉得这件衣服挺好看的。

妈妈,穿这件衣服,我会很开心啊。

父母总是按照他们的想法来要求你,但每个人的想法都是不同的,如果你无法接受父母的想法,就要懂得去改变他们的想法。积极和父母沟通,让他们了解你为什么会选择这样的衣服,穿这件衣服会让你感到开心等。

3. 妈妈一天到晚唠叨，烦死了

洋洋玩完玩具后忘记收拾了，妈妈很生气。

妈妈："每次就知道乱扔，自己从来都不收拾。"

洋洋："对不起，妈妈，我记住了，以后玩完会收拾的。"

妈妈："你记住什么了，昨天你就说你记住了，你记得了吗？今天还是乱扔……"

洋洋："妈妈，我真的记住了。"

妈妈："上个星期也是，我不停地和你说，让你玩完玩具后自己收拾好，你是没听懂还是没记性？还有上个月，我专门和你讲过这件事。如果我没有说过那就是我的问题……"

听着妈妈没完没了的唠叨，洋洋不耐烦地捂住了耳朵。

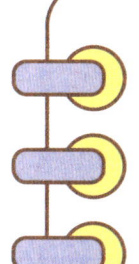

孩子的小小心情

1. 哎呀，我知道了，不要再说了。

2. 我说我记住了，还要批评我。

3. 为什么你不开心就要把气撒在我身上?

和心理学博士聊聊天

不只是你，所有人都不喜欢被唠叨，因为唠叨是一种变相的施压，这种压力很容易让人感到不适。一般来说，唠叨会给人带来三种厌恶感，你是哪一种呢?

厌恶重复：父母的啰唆让你感到恼火，明明一句话能讲清楚的事，非要说上十几句，自己又不是理解不了。这种听过太多次的话不但无法让你印象深刻，还让你感到厌烦，就像自己每天都在看同一集动画片一样。

厌恶批评：唠叨中夹杂的批评让你很难过，当这些批评不断砸在身上的时候，你会因自己的疏忽而自责，同样也会因持续不断的否定而气愤。毕竟每个人都喜欢被认同，不喜欢被否定。

厌恶强权：你认为父母此时的唠叨并没有意义，自己不会因为他们说得多而记得更清楚，做得更好。他们只是在彰显自己作为父母的权威，或者发泄自己的负面情绪。你反感这种压迫，更讨厌父母传递给你的情绪。

自我疗愈小练习

练习1：理解父母的唠叨

当父母唠叨你时，你可以这样想：

爸爸妈妈是在关心我，我要体谅他们。

他们的表达让我难受，可他们是真的爱我。

唠叨是父母对孩子的关心和期望，也许他们无法考虑周全，用了一种让人容易感到厌烦的方式。但你需要理解父母唠叨背后的深意，他们是在表达内心的真实想法，只不过在错误的时间用了错误的方式，但他们对你的爱是有目共睹的。

练习2：耐心倾听父母的唠叨

如果你的父母爱唠叨，你可以这样说：

妈妈，你放心，一会儿我就去把它做完。

事情已经过去了，妈妈就不要惦记了，我一直记得。

父母唠叨是因为他们放心不下，不管是做错了事，还是丢三落四，他们的唠叨是担心你因为自己的粗心大意养成不好的习惯。他们想要时刻提醒你，不要忘记之前的教训。总之，唠叨也是一种爱，不必反感，你也可以尽快做好他们所担忧的事，让他们安心。

4. 上学太没意思，不想上了

欢欢早上突然和妈妈说:"妈妈，我今天能不能不去上学?"

妈妈:"为什么啊?"

欢欢:"就是不想去，我想在家待着。"

妈妈:"是不是老师批评你了? 还是被同学欺负了? 告诉妈妈为什么不想去。"

欢欢:"老师讲的我一点都听不懂，每次叫我回答问题我都答不上来，同学们都笑我。妈妈，我是不是太笨了? 我再也不想去学校了。"

妈妈:"没事的，我今天会和老师说，让她多关照你一下，以后有问题就多问老师。"

无论妈妈怎么安慰欢欢，欢欢还是死活都不愿去上学。

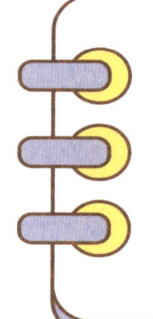

孩子的小小心情

1. 我为什么要上学？上学好无聊啊。

2. 老师讲的一点都听不懂，算了，不会就不会吧。

3. 每天都有这么多作业，我好累啊，我不想上学了。

和心理学博士聊聊天

你不喜欢上学主要是因为上学这件事让你不开心，为了获得快乐，你下意识地想远离学校，离开这个让自己不开心的地方。一般来说，孩子厌学主要有三种原因，看一看你是哪一种？

上学的意义： 你不知道自己为什么要上学，每天都要坐在教室里和老师一起读课文、做练习，妈妈也叮嘱自己要好好上学。可在你看来，这些事远没有做游戏、玩玩具能够让你开心，你不知道自己为什么要每天待在这个地方。

学不会： 你一开始并不讨厌上学，但突然有一天你发现自己听不懂老师讲的内容，而身边的同学却能一直跟上老师的节奏。他们成绩又好，老师提问也能答对，而自己只能站起来说不会。这种情况让你产生了很强的挫败感，开始否定自己，变得抗拒上学，厌恶上学。

学习压力大： 你认为上学很累，每天的课程很多，需要学习的内容也很多，尽管你已经很努力了，但每天总是有做不完的习题、作业，这让你倍感压力，大脑和身体都很疲惫，久而久之，你就会开始讨厌上学。

心理学词语加油站

你之所以不愿上学，其实就是"自我效能感"太低导致。

什么是自我效能感?

答:是对自己是否有能力完成某一件事的推测和判断。当你在接受一个难度合适的挑战时,你就会坚信自己一定能完成任务,你就会全力以赴。可如果挑战过于简单或困难,你就会感到无聊,选择放弃。这类任务不会让你有胜任感。

自我疗愈小练习

练习1:了解上学的意义

当你不知道为什么上学时,可以这样想:

我只有上学,才能像电视里的那个小姐姐一样优秀。

好好读书,长大了才有能力孝敬父母。

上学对一个人的影响意义深远,虽然你目前无法理解上学的意义,但你可以把自己想象成动画片里的小英雄,他们往往会经历很多困难,最终打败坏人,保护身边的小伙伴。而你就是这个"小英雄",上学就是"困难",只有经历过困难,你才能变得强大,保护爸爸妈妈。

练习2:寻求父母的帮助

当你不想上学时,可以这样寻求父母的帮助:

妈妈,老师讲的内容我有的没听懂,你能不能给我再讲一遍?

爸爸,作业太多了,我怎么才能写快一点?

当你产生不想上学的念头后,一定要及时和父母说。因为,有时候并不是你本身就排斥上学,而是遇到了一些自己无法解决的困难。这时,一定要寻求父母的帮助,当他们帮你解决完问题后,你就会变得轻松起来,也就不会想着不上学了。

5. 爸爸每一句话都是命令，我很反感

莉莉正在客厅里看动画片，还没来得及写作业。

爸爸："莉莉，马上去写作业，不许再看电视了。"

莉莉："不嘛，等我看完就去写。"

爸爸："现在就去写，不然以后就不让你看电视了。我和你说了多少遍，吃完饭必须先写作业，你今天又没写，是不是非要我盯着你，你才去写啊？"

见到爸爸生气了，莉莉只好乖乖地关掉电视去写作业，但是爸爸的话让她很不舒服，那些话就像动画片中城堡主人对管家说的话一样。

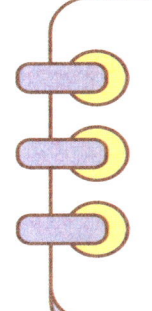

1. 我不喜欢被命令。

2. 我就要这样做，凭什么都要听你的？

3. 别像命令奴隶一样命令我。

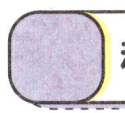

和心理学博士聊聊天

"必须""马上"是你最反感的父母的口头语，其实不只是你，几乎所有人都不喜欢命令式的话，你知道这是为什么吗？

不被尊重：你认为父母总是将他们摆在一个绝对正确的位置，对你提出这样那样的要求，却从来没有问过你在想什么，想怎么做。你感受不到父母对你的尊重，有的只是轻视和冷漠。你往往就会想："既然你不尊重我的想法，那我也不需要尊重你的想法。"

感觉不公平：在你看来，父母只是在展示自己的权威，每一句话的背后都是在说"我是你爸爸，你就要听我的"，可你觉得这样是不公平的，自己应该有按照自己想法去做的权利，凭什么每件事都要听父母的。

感觉被束缚的压力：你渴望做决定，不想被任何人掌控，可从小到大父母的控制一直都在，尤其是这种控制以命令的方式表达出来，你会感到一种莫名的压迫感，让你很不舒服。

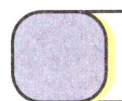

心理学词语加油站

父母的命令给了你很大的压力，压得你越狠，你就越想反抗，这就是心理学上讲的"拍球效应"。

什么是拍球效应？

答：拍球时，拍得越用力，皮球跳得也就越高。当父母的态度越恶劣时，孩子反抗的情绪也就越强烈。

自我疗愈小练习

练习1：说出自己的不开心

当父母用命令的语气和你说话时，你可以这样说：

爸爸，我明白你说的话，但你的语气让我很难受。

妈妈，以后你和我说话可不可以温柔一点？

一般来说，没有父母会刻意用命令的语气和孩子沟通，也许他们是误以为这种语气会让你意识到问题的严重性。如果你不喜欢这种语气，就要勇敢地说出来，让父母意识到他们说话的方式伤害到了你，而不必采用抵触、顶撞父母的方式。

练习2：理解父母的教育方式

当你因被命令而不开心时，你可以这样想：

爸爸妈妈是担心我养成不好的习惯，所以严厉了一点。

也许爸爸妈妈平时就是这么说话的，我不应该讨厌他们。

如果父母只是在口头上严厉，并没有真正打骂过你，那就表示这是他们说话的习惯，并非刻意针对你，虽然你可能会感觉不舒服，但你只要理解了父母的说话方式，并将此看成正常的话语，就不会感觉难过。有时候，不能只要求父母理解你，你也要适当地理解一下父母。

6. 爸妈动不动就大吼大叫，已经麻木了

形形的妈妈动不动就发脾气，对着形形大吼大叫。

在菜市场，形形对一切都很好奇，一直问东问西。

妈妈："你哪来这么多问题，不许再烦我，也不要问我。"

形形想让妈妈抱抱自己。

妈妈："抱什么抱，我拎着这么多东西怎么抱你？就你累，我不累啊？"

形形在家玩玩具时。

妈妈："你要玩就安安静静地玩，不要吵我，真烦人。"

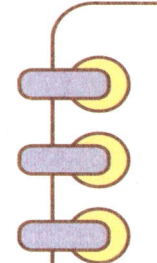

孩子的小小心情

1. 妈妈太可怕了，我还是躲起来吧。

2. 吼什么吼，我偏不。

3. 骂吧，骂吧，骂完我好去打游戏。

和心理学博士聊聊天

父母发脾气一定是最可怕的事。在父母的大吼大叫中，你会清晰地感受到他们的愤怒和不满，从而内心产生一些变化。一般来说，经常被吼叫的孩子有三种心理，你是哪一种呢？

恐惧下的逃避： 父母刺耳的声音、胡乱挥舞的手臂、因愤怒而扭曲的脸，让你感到十分害怕，一刻都不想在他们身边待下去，只有远离他们才会让你感到安心。这种感觉让你开始有意识地疏远父母，不愿意和他们沟通交流。

愤怒下的叛逆： 父母对你的大吼大叫让你很愤怒，你认为即使你做错了，父母也不应该这样践踏自己的自尊。你开始对指责变得敏感，情绪也变得不稳定，如果父母大声训斥你，你会用更大的声音顶回去。

习惯下的麻木： 你几乎每天都能听到父母的吼叫，两人的争吵，对你的指责，你早已习以为常。无论他们骂的话多么难听，声音多么大，你都无所谓，只想着他们快点结束争吵和批评，自己还要去做别的事情。

心理学词语加油站

当你发现自己变得越来越敏感多疑，不相信身边的一切，以自我为中心，冲动好斗，很可能就是在父母暴躁易怒的情绪影响下，出现了"偏执型人格障碍"。

什么是偏执型人格障碍?

答：即一个人经常出现固执、偏激的想法和念头，很难与周围的人建立稳定的人际关系。

自我疗愈小练习

练习1：控制好自己的情绪

当父母大吼大叫时，你可以这样想：

我不能生气，不能向爸爸妈妈发脾气。

我不能反击、顶嘴，这样会让爸爸妈妈更加生气。

父母向你发泄愤怒，这会让你感到十分委屈，但也不要为了一时的痛快去和父母对着干、顶嘴，还是要尽量平静地和父母交流。如果你选择将父母带给你的愤怒还给他们，那他们就会变得更加愤怒，情况也会更糟糕。

练习2：告诉父母自己的感受

当父母平静下来的时候，你可以这样说：

爸爸妈妈，你们为什么要发脾气啊？是不是我做错了什么？

爸爸妈妈，你们对我大吼大叫，我感到很难过。

一般来说，爱发脾气的人根本意识不到自己在发脾气时有多恐怖。因此，你应该告诉父母自己的感受，让他们了解到他们的一言一行伤害到了你。但是，你需要在父母发完脾气冷静下来的时候，再告诉父母，这样他们才能听得进去你说的话。